여 자 혼 자 즐 기 는 스 페 인 바 & 카 페 산 책

타파스 & 카페
맛있는 스페인에 가자

~

글 & 사진   조정희

J & jj
제이앤제이제이

타파스 & 카페
맛있는 스페인에 가자

| 만든 사람들 |
기획 인문·예술기획부 | **진행** 한윤지 | **집필** 조정희 | **편집·표지디자인** D.J.I books design studio 원은영

| 책 내용 문의 |
도서 내용에 대해 궁금한 사항이 있으시면
저자의 홈페이지나 J&jj 홈페이지의 게시판을 통해서 해결하실 수 있습니다.
제이앤제이제이 홈페이지 www.jnjj.co.kr
디지털북스 페이스북 www.facebook.com/ithinkbook
디지털북스 카페 cafe.naver.com/digitalbooks1999
디지털북스 이메일 digital@digitalbooks.co.kr
저자 이메일 book_jo@naver.com
저자 인스타그램 @traveler_jo_

| 각종 문의 |
영업관련 hi@digitalbooks.co.kr
기획관련 digital@digitalbooks.co.kr
전화번호 (02) 447-3157~8

여 자 혼 자 즐 기 는 스 페 인 바 & 카 페 산 책

타파스 & 카페
맛있는 스페인에 가자

글 & 사진   조정희

J & jj
제이 앤 제이제이

'그건 태도의 문제야.'

그 소리가 왜 이렇게 듣기 싫었는지 모르겠다. 하기 싫은 업무를 대충 대충 했더니 이런 소리를 듣고 말았다. 태도를 부정하는 것은 결국 나 자신을 부정하는 소리이기에 더 민감했는지 모르겠다. 절실함이 없다는 태도, 능동적이지 못한 나의 태도에 화가 났다. 사실 모든 상황마다 절실하고 열심히 해야 할 필요성을 느끼지 못한지도 오래다. 지쳤던 것이다. 일에도, 사람에도 점점 지쳐만 갔다. 방전되지 않는 배터리로 여기는 회사에도 자꾸 지쳐만 갔고 계속 말을 시키는 사람들도 피곤했다. 나에 대해 모르는 것은 참을 수 있겠지만 내 기분이 나쁜 것을 '태도 문제다'라고 단정 짓는 것에 화가 났다. 마음의 염증이 퍼져갈 때 도망치듯 바르셀로나로 갔다. 왜 바르셀로나였는지는 모르겠다. 그냥 언제가도 그곳은 축제가 열리는 것 같아서 가고 싶었다. 게다가 당시 난 너무 피곤했고 허기졌던 사람이었으니까 아무 생각 없이 나를 위해 여행을 떠났다.

'배배 꼬여버린 태도'를 직선으로 바로 잡자. 그렇게 조용히 나만의 생각을 가지며 나에 대해 집중하려 노력했다. 나에 대한 반성과 생각을 하기 위해 야심차게 떠난 여행이었던 것이다. 하지만 여행의 시작부터 내가 쓴 시나리오는 엉망이 되었다. 캐리어가 바르셀로나에 오지 않은 것이었다. 돈도 옷도 양말까지 몽

땅 있는 캐리어가 오지 않다니... 덩그러니 나 혼자. 유난 떨면서 간 여행에 카메라와 신용카드만 챙긴 채 정말 혼자 스페인에 도착하였다. 상황이 이렇다보니 내 태도의 문제는 뒤로하고 일단 가방 찾는 것에만 모든 정신이 쏠렸다. 공항에서 하루 종일 넋을 잃고 가방을 기다렸다. '아 정말 인생이 쉽지 않구나...' 사람을 기다리는 것도 피곤한데 캐리어를 기다리는 일은 비참했다. 멀뚱멀뚱 나 혼자 가방만 기다리는 시간은 지루했다. 귀중한 이 여행 시간을 가방만 기다리며 보낼 것인가 그냥 과감히 가방을 버리고 여행을 떠날 것인가 고민을 하다가 이왕 도망치듯 여행 온 것, 옷이며 돈이며 양말이며 다 버리고 제대로 혼자 여행을 해보자 생각을 했다. 마음은 심란하지만 몸은 홀가분하게 바르셀로나로 갔다.

바르셀로나 공항버스를 타고 그란비아에 도착하자마자 뜨거운 커피 한 잔에 빵 한 조각을 먹었다. 이렇게 정신없는 상황 속에서도 고소한 커피는 감격스러울 정도로 맛있었다. 나를 둘러싼 상황은 자꾸만 꼬여가지만 적어도 맛있는 디저트와 향긋한 커피를 마시는 순간만큼은 기분이 좋아졌다. 폭신폭신한 케이크를 한 숟가락 푹 떠먹으면 한 숟가락만큼 내 마음이 아무는 느낌이다. 홍합이 듬뿍 담긴 빠에야를 든든하게 한 숟가락 먹으니 배에 힘이 생기면서 기운이 났다. 참, 나란 사람은 이렇게 단순해도 되는 것인지 싶다. 나에 대한 생각이건, 남들이 바라보는 태도이건, 행방불명된 캐리어건 뭐건 그 어떤 일보다 더 중요한 것은 내 감정, 마음, 그러니까 본능이었다.

탐닉하듯 맛있는 곳, 멋진 곳, 향기로운 카페를 찾아 다녔다. 순전히 내 본능에 의해 움직였다. 나를 지켜주는 것은 태도가 아니라 본능이었다. 남들이 원하는 태도를 갖춘 척 교양 있게 상냥한 소리, 웃는 얼굴, 둥글둥글한 성격으로 타인을 대할 수 있을 것이다. 하지만 화가 나면 얼굴을 붉히고, 하기 싫은 일은 적당히 하고, 캐리어가 오지 않은 상황이어도 배가 고프면 빵을 먹는 것도 나의 일부이다. 그것도 나다운 태도이다. 사람들에게 인정도 받고 싶고 사랑도 받고 싶다. 하지만 다른 사람들의 사랑과 관심보다 더 중요한 것은 내가 나에게 주는 관심과 사랑이다. 내가 무엇을 좋아하고 싫어하는지 정확히 알고 내 입과 눈을, 오감을 즐겁게 하는 것이 더 중요하다. 나를 지키는 태도는 곧 본능이기 때문이다.

태도를 고치기 위해, 또 스스로에 대해 생각하기 위해 떠난 여행이었지만 정작 나의 본능에 대해 더 많은 생각을 하게 되었다. 원초적으로 내가 먹고 싶은 것, 하고 싶은 것을 더 많이, 더 최선을 다해 탐닉했다. 그러자 피곤해 문드러졌던 내 마음이 서서히 회복될 기미를 보였다. 다시 사람들이 원하는 태도를 갖출 수 있게 되었다. 회복된 그 태도는 배터리와 같아 언제 또 다시 소진될지 모르겠다. 하지만 본능적으로 움츠렸다가 다시 일어설 것이다. 실컷 먹고, 실컷 자고, 실컷 싸돌아다니면서 그렇게 마음의 근력은 오늘도 단련이 될 것이다.

때론 어린 아이처럼 나를 위한 여행이 필요하다. 난 사회적인 사람이기도 하지만 동시에 독립적이고, 본능적인 인간이니까.

목차

스페인 음식 문화

스페인은 세계적인 요리사가 많이 배출되는 나라이다. 요리를 과학으로 승화시킨 '분자요리'의 대가 '페란 아드리아FERRAN ADRIA'도 스페인 출신이고 그의 동생 '알베르 아드리아ALBERT ADRIA' 역시 스페인을 대표하는 요리사이다. 몇 년 전에는 '엘 불리ELBULLI'라는 레스토랑을 운영하여 미슐랭 가이드에 14년간 이름을 올리며 미식가들의 눈과 입을 사로잡은 바 있다. 최근 몇 년 사이 미식계에서는 유럽에서 가장 맛있는 레스토랑 순위에 '스페인'에 있는 레스토랑이 빠지지 않고 꼽히고 있다.

스페인 음식은 전 세계 일상생활 속에 깊이 녹아있다. 길다란 밀가루 튀김에 설탕과 계피가루가 입혀진 츄러스는 스페인에서 탄생해 저 멀리 아시아, 대서양까지 건너가 사랑받는 간식거리가 되었다. 어린시절 누구나 손가락만한 막대 사탕을 오물오물 먹었던 기억이 있을 것이다. 막대사탕하면 생각나는 '츄파춥스' 역시 스페인의 브랜드이다. 스페인어로 '츄파춥스'는 '냠냠쩝쩝'을 뜻한다. 이 사탕의 로고는 스페인을 대표하는 화가인 '살바도르 달리'가 직접 디자인하였다. '오믈렛' 역시 스페인에서 유래한 음식이라는 점도 재미있다. 해물 철판 볶음밥이나, 새우찜, 샌드위치와 비슷한 요리를 스페인에서도 찾아볼 수 있다. 어떻게 스페인은 '맛'으로 전 세계인들의 입맛을 사로잡을 수 있었을까?

스페인 음식이 사랑받을 수 있는 가장 큰 원인은 음식의 맛, 다양성, 음식을 즐기는 문화 때문이라고 생각한다. 어떤 훌륭한 레시피라도 뒷받침할 수 있는 재료가 충분하지 않다면 무용지물이다. 이런 점에서 스페인은 '요리'에 있어서 축복받은 나라이다. 지중해를 끼고 있어 신선한 해산물을 쉽게 구할 수 있고 햇볕이 뜨거워 각종 채소가 튼실하다. 언제든지 신선한 식재료를 쉽게 구할 수 있어 요리를 할 때마다 음식 맛이 살아있다. 여기에 수천 년간 다른 문화가 섞이고 발전하며 요리의 레시피가 발전되어 나갔다. 남부 내륙 지역에서는 오랜 시간의 힘을 견뎌온 재료들이 구수한 맛을 자아낸다.

한국 사람들은 삼시 세끼를 먹는다지만 스페인 사람들은 **평균 5끼**는 먹는다. 6시면 저녁을 먹기 이른 시간이고 보통 이 시간대에는 간식 정도를 즐긴다. 다른 스페니쉬들에게 저녁 6~7시대에 저녁을 먹자고 하면 "무슨 저녁을 이렇게 빨리 먹어? 타파나 즐기자!"라고 하던 기억이 난다. 이들은 '타파'라고 하는 한 접시의 간단한 간식과 맥주를 수시로 즐긴다. 짧은 식사 여러 번, 정찬 한두 번을 자주 즐겨 음식의 다양성을 창조한다.

음식은 사람들에게 가장 **빠르게** 최상의 행복을 줄 수 있다고 한다. 지금 이 순간에도 스페인 사람들은 '음식'이라는 매개체를 통해 오늘 하루 있었던 삶의 고단함을 잊고 음식으로 사람들간 소통을 한다. 그들에게 음식은 단순히 먹는 것 이상으로 심미적인 대상이고 사람들간 소통을 할 수 있는 매개체이자 작은 행복의 요소이기도 하다.

스페인 식사 이름

관심이 가는 만큼 보인다고 먹는 것을 워낙 좋아하다보니 스페인 여행하는 내내 사람들이 언제, 무엇을 먹는지 관심이 간다. 스페인을 여행하면서 가장 많이 듣고, 보게 된 단어는 타파스, 하몽, 데사유노, 카페 델 디아였던 것 같다. 생소할 수도 있는 단어들을 전격 파헤쳐보자.

01 데사유노   DESAYUNO, 아침 식사

스페인 어디를 가도 데사유노라는 단어를 쉽게 찾아 볼 수 있다. '아침식사'를 뜻하는 이 단어는 대부분의 카페나 베이커리에 크게 쓰여 있다. 스페인 사람들은 아침식사로 보통 빵과 커피를 즐기곤 한다. 아침 8시만 되면 사람들이 데사유노를 즐기러 근처 베이커리로 모여든다. 데사유노로 초콜릿에 츄러스를 찍어먹는 사람들도 꽤 많다. 스페인에 왔다면 근처 아무 카페로 가서 데사유노를 즐겨보자. 좀 더 가까이에서 스페인 사람들의 속살을 들여다볼 수 있을 것이다.

02 알무에르소   ALMUERZO, 간식 시간

아침과 점심 사이에 먹는 간단한 간식 시간이다. 스페인식 샌드위치인 '보카디요'나 크루아상, 타파스 등을 먹는다. 알무에르소는 11시 정도부터 1시까지, 간단하게 즐기는 간식을 말한다.

03 코미다   <small>COMIDA, 점심시간</small>

우리가 일반적으로 생각하는 점심이다. 한국에서는 보통 점심을 12시부터 길어야 1시, 2시 사이에 먹는데, 코미다는 보통 1시부터 4시 정도에 먹는다. 점심은 꽤 든든한 코스로 즐기곤 한다. 대부분의 레스토랑에서는 메뉴 델 디아<small>MENU DEL DIA</small>라는 이름으로 오늘의 식사를 선보이는데 가성비가 좋다. 메뉴 델 디아에는 샐러드, 스테이크와 같은 주 요리, 디저트까지 모두 포함이 되어있다.

04 메리엔다   <small>MERIENDA, 간식 시간</small>

저녁 6시부터 9시 사이, 퇴근길이나 하루를 마무리 할 즈음 친구들과 함께 즐기는 간식 시간이다. 보통 스페인의 바<small>BAR</small>는 6시부터 여는데 바에 들려 타파와 맥주를 곁들인다. 워낙 다양한 타파스 집이 있어 2, 3차까지 이어 타파스를 즐기는 경우도 많다.

05 세나   <small>CENA, 저녁 시간</small>

저녁 식사는 약 저녁 9시부터 시작하는 경우가 많고, 가볍게 바에서 타파스를 즐기거나 빵에 토마토 소스를 발라 먹는 정도이다. 점심을 적게 먹었다면 레스토랑에서 준비하는 샐러드, 주 요리, 디저트가 갖춰진 저녁 정찬을 먹기도 하지만, 흔한 경우는 아니다.

메뉴 델 디아 파헤치기

MENU DEL DIA

스페인 어디를 가도 대부분의 레스토랑은 '메뉴 델 디아'를 준비한다. 점심은 주로 1시부터 4시까지 선보이며 많은 스페인 사람들이 이 사이에 하루 중 가장 푸짐한 식사를 한다. 코스요리를 즐기듯 자신의 선택에 따라 차례차례 여러 음식을 즐긴다. 그래서 처음 '메뉴 델 디아' 메뉴판을 보면 다소 복잡해 보일 수 있다.

메뉴 델 디아는 보통 3가지 종류의 요리로 구성되어 있다. 첫 식사부터 디저트까지 각자의 취향에 따라 선택하여 즐길 수 있다.

01 에피타이저 PRIMER PLATO, 프리메르 플라토

메뉴 델 디아는 수프나 샐러드, 간단한 빵 종류로 위에 부담되지 않는 요리로 시작한다. 인기 많은 메뉴는 토마토 소스로 만든 '가스파쵸' 수프이다. 스페인 남부 지역에서 유래한 차가운 수프로 새콤하다. 스페인의 오후 1시는 한창 뜨거운 햇볕이 내리쬘 시간인데, 가스파쵸 한 숟가락이면 그 뜨거움을 이겨낼 수 있을 것만 같다. '가스파쵸' 외에도 각종 채소와 해산물이 함께 들어있는 샐러드도 사랑받는 메뉴이다.

02 주 요리 SEGUNDO PLATO, 세군도 플라토

메인 요리이다. 고기구이나 생선 스테이크 종류, 빠에야, 해산물 요리 등이 있다. 레스토랑에 따라 고기와 생선 종류를 다양하게 준비한다. 양고기, 오리고기, 소고기와 참치, 고등어 요리를 준비해 주 요리만 먹어도 푸짐하게 배가 부를 정도이다.

03 디저트 DESSERT, 디저트

식사를 마치면 디저트가 나온다. 디저트 역시 각 지역에 따라 서로 다른 종류가 준비된다. 바르셀로나가 속한 카탈루냐 지역으로 가면 '크레마 카탈루냐'를 맛볼 수 있다. 주스에 바닐라 아이스크림을 한 컵 넣어주거나 커피를 제공하는 경우도 있다.

~

스페인 여행의 백미
타파스!
TAPAS

타파TAPA는 한 접시, 타파스TAPAS는 여러 접시를 의미한다. '타파'보다 '타파스'가 더 익숙한 이유는 아마도 사람들이 너무 맛있어 항상 여러 접시의 타파를 먹기 때문이 아닐까? 취향에 맞춰 원하는 맛을 얼마든지 고를 수 있는 이 접시 요리는 스페인 여행 최고의 별미이자 탐미로운 사치이다.

타파스는 술안주로도 볼 수 있고 간식으로도 볼 수 있다. 우리가 '밥 한번 먹자, 차 한잔 마시자'라고 이야기 하듯 스페인 사람들은 '타파스 하러 가자'라고 말한다. 그 정도로 일상생활과 매우 밀접한 음식이라 스페인 어디서든 타파스를 볼 수 있다. 아무리 식성이 까다롭다고 한들 문제가 되지 않는다. 타파스의 종류는 1000가지 이상이니 개인의 취향에 맞춰 얼마든지 고를 수 있기 때문이다.

보통 타파스는 즉석에서 만드는 경우가 많은데 때문에 사람이 몰리는 점심시간이나 저녁시간에 갈 생각이라면 어느 정도의 대기 시간은 감수해야 한다. 조그마한 접시에 담거나 꼬치 형태로 가볍게 즐길 수 있는 음식이면서 맛도 좋아서 과소비하기 딱 좋은 음식이다. 따라서 미리 예산을 생각해 타파스를 먹는 것이 좋다. 어느 날은 식사도 하지 않고 타파스 가게에 갔다가 다양한 맛에 중독되어 23접시까지 먹어 하루 식사 예산을 훨씬 초과했던 기억이 난다.

수십 가지의 타파스를 다양하게 맛볼 수 있다는 사실 하나만으로도 스페인 여행의 기쁨을 충분히 만끽할 수 있다. 스페인어를 못해 주문이 힘들까봐 지레 겁먹지 말자. 대부분의 스페인 레스토랑에는 한 가득 타파스 사진이 실린 아주 큰 메뉴판이 있다. 멋진 건축물과 자유로운 분위기를 느끼고, 저녁 식사는 타파스에 샹그리아를 곁들이는 것은 어떨까? 타파스 투어, 생각만 해도 배가 고파진다.

타파스의 한 종류인 핀쵸스

타파스의 종류도
여러 가지!

　　스페인의 대중적인 간식인 타파스는 수백 년 전 알폰소 10세가 병에 걸리면서 시작된 음식이라고 한다. 의사는 알폰소 10세1221-1284에게 음식의 양을 줄이라고 권했는데 음식의 양을 줄이고 와인을 살짝 곁들여 먹자 병이 씻은 듯이 나았다. 이후 왕은 소량의 음식과 과자 없이는 와인을 팔지 말라고 명하게 됐다. 그때부터 스페인에 독특한 문화가 유행처럼 퍼져나갔다고 한다. 바로 와인 잔 위에 작은 접시를 얹어 들고 다니는 문화이다. 와인 잔 위에 접시를 올린 채 돌아다니며 대화도 하고 음식도 먹는 광경이 곳곳에서 퍼져나가기 시작했다. 타파TAPAR라는 말은 '덮다'라는 뜻을 갖고 있는데 이렇게 조그만 음식이 담긴 접시가 와인을 덮은 모습을 보고 타파스가 만들어졌다는 이야기가 전해지고 있다.

　　이 외에도 아랍의 지배를 받던 시기 스페인에 전해진 메쩨MEZE가 타파스가 되었다는 이야기도 있다. 메쩨는 점심과 저녁 사이에 먹는 간단한 음식인데 스페인 사람들에게 아랍의 음식 문화가 전파되어 타파스가 되었다는 것이다. 이 외에도 타파스가 만들어진 유래는 지역마다 무척 다양하다.

각양각색의 타파스

타파스는 스페인 전 국민이 사랑하는 음식인 만큼 종류도 많다. 그래서 스페인의 소도시를 가거나 처음 가보는 거리가 있다면 가장 먼저 타파스 바부터 찾아본다. 지역마다 독창적인 타파스를 팔고 있어 구경하는 재미가 남다르기 때문이다. 종류에 따라 부르는 이름도 다양하다.

사람들이 주로 즐겨 먹는 타파스는 핀쵸스, 엔초비, 토르티야, 크로켓 등이다. 핀쵸스만 팔거나 생선으로 만든 타파스만 파는 가게 등 아예 특화된 종류의 타파스만 파는 가게도 많다. 조금만 더 타파스에 대해 관심을 갖고 들여다보면 내 몸에 딱 맞는 예쁜 옷처럼 내 입맛에 딱 맞는 타파스를 원 없이 저렴한 가격에 맛볼 수 있을 것이다.

01 핀쵸스 ⌒ 꼬치에 꽂아 먹는 타파스이다. 대중적으로 가장 많이 먹는 타파스로 재료는 천차만별이다. 해산물을 꽂을 수도 있고 치즈와 메추리알을 꽂아 먹을 수도 있다. 보통 바삭한 바게트에 치즈와 연어, 샐러드 등을 꼬치에 꽂은 핀쵸가 가장 대중적이다.

02 엔초비 ⌒ 절인 멸치이다. 소금과 각종 양념장에 멸치를 절여 숙성시킨다. 오래 숙성될수록 맛과 향이 좋다. 엔초비만 먹으면 다소 비릴 수 있지만 맥주에 곁들이면 궁합이 잘 맞아 인기가 많다. 심지어 맥주를 시키면 엔초비를 무료로 주는 가게도 꽤 많이 찾아볼 수 있다.

03 토르티야 ⌒ 스페인식 오믈렛이다. 두툼한 계란 안에 양파, 감자, 치즈 등 주문자의 기호에 맞춘 채소를 넣어 만든 요리이다. 계란찜과 비슷한 맛이라 한국인들의 입맛에 잘 맞는다.

04 빠에야 ⌒ 빠에야는 주로 점심이나 저녁의 정찬으로 먹는 요리지만, 워낙 인기가 많아 타파스 바에서도 파는 경우가 많다. 정찬의 경우 최소 2인 이상이 먹어야 할 분량이지만 타파스 바에서는 1인이 먹을 수 있을 정도로 작은 접시에 제공한다.

05 하몽 ⌒ 하몽은 돼지 뒷다리를 숙성시켜 만든 햄의 일종이다. 최상품의 하몽인 '하몽 이베리코'는 도토리만 먹인 돼지 뒷다리를 소금에 절여 1년 반 정도 숙성시킨 것이다. 품질이 좋은 하몽일수록 비린내가 덜하고 고소함이 느껴진다.

06 크로켓 ⌒ 튀김 요리를 크로켓이라고 한다. 생선이나 오징어를 튀겨 만든다. 어묵처럼 생선을 갈아 만들기도 한다. 안에 들어가는 재료에 따라 모양과 크기가 각양각색이다.

타파스,
어떻게 주문할까?

　수많은 정보서에 타파스 맛집이라고 소개된 곳을 찾아가보면 종종 현지인보다 외국인들이 훨씬 많을 때가 있다. 물론 맛은 좋지만 터무니 없이 비싸거나 가끔 '이곳이 현지인들이 정말로 찾는 맛집이 맞을까?'라는 의심이 생긴다. 이럴 때면 나는 내 직감을 믿고 현지인들의 맛집을 찾아 헤맨다. 보통 현지인의 맛집이라 함은 바깥까지 줄을 길게 서 있고 주방은 바삐 움직이는 그런 곳이다. 그런 타파스 바를 찾으면 기꺼이 기다려 한 접시 한 접시 타파스를 맛본다. 현지인들이 자주 가는 타파스 바는 주문하는 방법도, 계산하는 방법도 관광객들을 대상으로 하는 유명한 타파스 바와 다르다.

　타파스 가게에서 어떤 메뉴를 선택해야 할까? 생전 처음 가는 도시, 처음 가는 가게에서 맛있는 타파스를 먹기 위해서는 몇 가지 기술이 필요하다.

　먼저 가게 이름을 보고 메뉴를 대략 유추하는 방법이 있다. 타파스 바 중에는 특정 종류의 타파스만 주력으로 판매하는 곳도 많다. 핀쵸스_{꼬치로 만든 타파스}만 전문적으로 팔거나 해산물로 만든 타파스만 파는 식이다.

이런 가게들은 이름에 그 주력 타파스에 대한 정보가 들어있을 가능성이 높다. 예를 들어 바르셀로나의 '핀쵸 제이'라는 타파스 바는 수많은 타파스 중에서 핀쵸스만 주력으로 판매하는 곳이다. '크롭 앤 롤CROQ & ROLL'나 '크로케타 이 프레슈미다CROQUETA Y PRESUMIDA'와 같은 가게 이름에서는 타파스 중 크로켓CROQUETTE을 연상할 수 있다. 종종 크로켓을 줄여 크롭CROQ이라고도 말하는데 크로켓, 크롭이라 불리는 엄지 손가락만한 크기의 바삭한 튀김은 어느 타파스 가게나 찾아볼 수 있는 보편적인 메뉴이다. 바삭바삭한 튀김옷 안에 하몽이나 햄, 생선 등 기호에 따라 여러 재료를 넣고 섞어 튀긴 요리로 식사 전 간단히 먹기 좋다. 마드리드의 '뮤세오 델 하몽MUSEO DEL JAMON'에서는 과일과 함께, 토마토 소스가 올려진 빵을 곁들인 하몽 타파스를 만나볼 수 있다. 하몽 박물관이라는 이름답게 하몽이 빼곡히 늘어져있어 이색적이다.

다음으로 메뉴판을 잘 활용하는 방법이다. 스페인어를 잘 모르는 사람일지라도 스페인에서 타파스 먹는 것은 어렵지 않다. 해외 관광객을 상대하는 타파스 가게는 판매하는 모든 메뉴의 사진을 메뉴판에 실어둔다. 때문에 사진만 봐도 어떤 종류의 타파스인지 알고 원하는 것을 골라 먹을 수 있을 정도이다.

타파스 바에 대한 정보도 없고, 메뉴판을 봐도 선택이 어렵다고 해도 걱정할 필요가 전혀 없다. 바 테이블에 앉아 접시에 담긴 음식을 보고 맛있어 보이는 요리가 보인다면 직접 가져와 먹으면 된다. 현지인들이 즐겨찾는 타파스 바는 대부분 간단한 바 테이블 좌석만 있거나 아예 좌석이 없다. 선 채로 맥주를 마시고 타파를 즐기며 간단한 대화를 나누는 사람들로 북적인다. 사람들은 간단히 맥주와 타파를 즐기고 나가고 다시 새로운 사람이 들어오는 식이다. 주방은 늘 바쁘게 움직인다. 타파스로 유명한 바들은 9시가 넘어간 저녁이 되면 더욱 분주하다. 타파스 가게별로 계산하는 방식은 모두 다르지만 보통 꼬치의 색깔이나 꼬챙이 끝에 달려있는 모양에 따라 가격을 다르게 책정한다.

타파스와 함께 마시는 맥주는 직원을 불러 시킨다. 주로 맥주, 클라라_{레몬맥주}, 카바_{스파클링 와인}, 상그리아와 곁들어 타파스를 먹곤 한다.

특별히 관광객을 위한 메뉴판이 별도로 없거나 영어로 의사소통이 어려운 타파스 가게도 있다. 하지만 대부분의 타파스 가게는 즉석에서 만든 타파스를 테이블에 쭉 늘어놓아 마음에 드는 타파스를 직접 골라 먹을 수 있다. 타파스 가게에 대한 정보가 없어도, 타파스가 무엇인지 몰라도 진열된 수십 가지의 타파스를 보고 있으면 저절로 손이 간

다. 내 눈에 가장 맛있어 보이고 가장 모양이 예쁜 나만의 타파스를 골라보자. 먹는 재미와 보는 재미를 더해 타파스를 고르는 재미를 만끽할 수 있을 것이다.

~

스페인
커피 이야기

내 일상은 언제나 음료가 함께 한다. 침대에 일어나 기지개를 켜는 순간부터 양치하고 잠을 자는 그 순간까지 머리맡엔 늘 마실거리가 있다. 사정이 이렇다보니 스페인 가서 시간이 부족해 구엘 공원을 못가더라도 카페는 늘 함께였다. 이렇게 몇 년을 카페에 들락날락거리니 우리나라와 스페인 카페 메뉴와 레시피가 어떻게 다르고 주문은 어떻게 해야 하는지 알게 되었다. 스페인 카페에 가서 주문할 때 도움이 될 만한 메뉴를 소개하니 스페인에 가서 카페를 가게 된다면 참고해 보자.

스페인의 대표 커피 메뉴로 '카페 솔로CAFE SOLO'가 있다. 솔로라는 의미에서 대충 유추가 가능하듯 에스프레소 머신에서 추출한 샷 하나가 그대로 나오는 커피이다. 보통 스페인 사람들은 이른 아침에 카페 솔로 한 잔 들이키고 하루를 시작한다. 나도 현지의 스페니쉬들처럼 가뿐하게 카페 솔로 한 잔 마시며 하루를 시작하려고 시도해봤는데, 너무 쓴 맛에 바로 물을 찾았던 기억이 난다. 카페 솔로는 아주 작은 잔에 나오는 원액이라 우리나라에서 마시는 아메리카노를 생각한다면 솔로보단 더블을 시키는 것이 더 나을 수 있다.

스페인 커피 중 가장 좋아하는 메뉴는 단연 '코르타도CORTADO'이다. 라떼나 카푸치노처럼 커피에 우유가 들어가는 음료이다. 다만 라떼나 카푸치노보다 우유 양이 적고 거품도 적다. 때문에 우유의 고소한 맛보다는 에스프레소 본연의 향과 맛을 더 진하게 느낄 수 있다. 라떼나 카푸치노보다 진한 커피맛을 느끼면서 동시에 부드러운 우유의 풍미도 느낄 수 있어 한번 중독되면 좀처럼 빠져나오기 힘들다. 코르타도는 워낙 대중적인 음료라 스페인 어디를 가도 마실 수 있다.

'카페 콘 레체CAFE CON LACHE'라는 메뉴도 좋아하는 스페인 커피 중 하나이다. 우리나라에서 자주 보는 '카페라떼'와 동일하다. 에스프레소 맛이 진한 코르다도에 비해 카페 콘 레체는 우유 함유량이 높아 부드럽고 고소하다. 컵 크기는 카페 솔로 〈 코르타도 〈 카페 콘 레체 순이다.

'봄봄CAFE BOMBÓN' 역시 스페인에서 인기 있는 커피 메뉴 중 하나이다. 처음 마드리드의 유명 베이커리에서 남편이 '봄봄'이란 음료를 사와 우연히 마시게 되었다. 우리 부부는 '봄봄'이라는 메뉴가 이 베이커리의 독창적인 메뉴인줄 알고 '커피가 이렇게 달콤할 수 있구나!' 서로 감탄하며 한 모금 한 모금 아껴가며 홀짝 홀짝 나눠 마셨다. 그런데 웬 걸, 다른 카페에도 봄봄이라는 메뉴가 있는 것이었다. 다른 카페, 또 다른 카페를 가도 봄봄이란 메뉴가 있길래 바리스타에게 이 메뉴가 뭐냐고 물어보니 연유를 넣어 만든 스페인 커피라고 소개해줬다. 귀여운 이름처럼 달콤한 맛이 느껴지고, 동시에 커피의 진한 맛도 있어 커피의 여러 맛을 한꺼번에 모두 느낄 수 있다.

INFO

스페인 카페의 메뉴판은 이렇게 생겼어요!

관광지는 우리가 흔히 보고 들었던 미국식 커피 이름을 붙여 메뉴를 만들지만, 대부분의 카페는 메뉴에 스페인식 커피 이름을 써놓는다. 쿠바나 멕시코도 스페인식 커피 이름을 주로 사용하니 일단 스페인 커피 이름을 입에 붙인다면 다른 여행지에서 특별한 커피 한잔을 맛볼 수 있다.

✓ **카페 솔로**　　　CAFÉ SOLO

에스프레소 원액으로 성인 여자의 검지 손가락만한 크기의 조그만 잔에 커피 원액을 담아 준다. 쓰고 진한 커피 본연의 맛을 느낄 수 있다.

✓ **카페 더블**　　　CAFÉ DOBLE

카페 더블에는 에스프레소 투샷이 들어간다. 우리나라 아메리카노와 양이 비슷하지만 더 맛이 진하다.

✓ **카페 콘 레체**　　　CAFÉ CON LECHE

에스프레소 반, 우유 반 비율로 만든 음료이다. 우유를 넣는 비율은 스페인의 지역에 따라 모두 다르다.

✓ **카페 코르타도**　　　CAFÉ CORTADO

에스프레소와 아주 소량의 우유를 넣어 만든다. 검지 손가락만한 크기의 작은 잔에다 마시는 것이 일반적이며 카페 콘 레체에 비해 에스프레소의 맛이 진하다.

✔ 카라질로 CARAJILLO

에스프레소에 위스키나 럼주를 섞어 만든다.

✔ 트리파시코 TRIFÁSICO

카탈루냐에서 종종 볼 수 있는 음료로 카라질로에 약간의 우유를 섞어 만든 커피이다.

✔ 봄봄 CAFÉ BOMBÓN

카페 솔로에 연유를 섞어 만든 커피이다.

✔ 카페 만카도 CAFÉ MANCHADO

우유의 비중이 아주 높은 커피이다. 마치 커피 우유처럼 부드럽다. 안달루시아 지역에서는 솜브라SOMBRA라고도 부른다.

✔ 카페 수이조 CAFÉ SUIZO

커피 위에 휘핑 크림을 올려 만든다.

﹅ TIPS

스페인에는 아이스 커피의 개념이 없다

최근 생긴 일부 체인점에서는 아이스 커피도 판매하지만, 아이스 커피라는 메뉴 자체가 없는 경우가 많다. 아이스 커피는 얼음을 별도로 달라고 한 다음 직접 만들어 먹어야 한다. 얼음은 스페인어로 '이엘로HIELO'인데 아이스 커피를 마시고 싶을 땐 '이엘로HIELO'나 카페 콘 이엘로CAFE CON HIELO라고 하면 직원이 이해를 하고 별도로 큰 잔에 얼음을 담아 준다. 우리나라처럼 얼음을 준다고 비용이 올라가지는 않는다.

rcelona

PART 01

~

바르셀로나
BARCELONA

Islas Balearies

Islas Canarias

바르셀로나는 스페인에서 두 번째로 큰 도시이며 가장 큰 항구이다. 해안과 비옥한 평야를 곁에 두고 있어 고대 로마시대 때부터 상업화가 이루어진 도시이다. 바닷가를 통해 이웃 나라와 활발히 교역하며 문물 교류도 자연스럽게 이루어졌다. 도시는 활기가 넘쳤고 시민들은 많은 돈을 벌기 시작하였다.

도시에 돈이 유입되면서 사람들은 자연스럽게 아름다움을 추구하기 시작했다. 아름다운 집, 정원 등 개인적인 공간을 시작으로 일반 대중이 사용하는 의자, 거리의 바닥 타일까지도 심미적으로 유려한 것들을 찾았다. 도시는 아름다운 것들로 채워지기 시작했다. 무심코 걷는 도로에도 환상적인 패턴 디자인이 새겨져있고 스쳐 지나가는 가로등조차 넘실대는 곡선으로 이뤄진 작품으로 꾸며지게 되었다. 자연스럽게 예술이 융성할 수밖에 없었다. 세계적인 예술가인 피카소, 달리, 가우디가 모두 바르셀로나에서 많은 활동을 했던 것도 결코 우연이 아니다.

높아진 소득 수준은 공간에 대한 아름다움을 넘어 식문화에도 영향을 끼쳤다. 일반적으로 재래시장이라면 냄새나고 지저분할 것이라는 편견이 있지만 바르셀로나의 시장은 다르다. 시장의 간판은 스테인드글라스로 화려하게 꾸며져 있고, 과일 하나를 팔더라도 가장 아름답게 디스플레이 하여 소비자를 유혹한다.

조용히 커피 타임을 즐길 수 있는 고즈넉한 거리부터 다국적 인종이 모두
모여 시끌벅적하게 타파스를 즐길 수 있는 거리까지 바르셀로나의 색깔은 다
양하다. 보고 먹고 즐기는데 큰 돈이 들어가거나 체력적으로 지칠 일은 없다.
대부분의 곳을 지하철과 버스로 쉽게 이동할 수 있는데다 합리적인 가격대의
음식점들이 많아 그저 튼튼한 두 다리와 호기심 어린 두 눈만 있으면 충분하다
세계에서 가장 예술이 넘치는 도시에서 가장 다채로운 음식과 향기로운 분위
기에 젖어 힐링하는 여행을 추천한다.

바르셀로나에서 즐기는
예술 여행 5가지

01 바르셀로나 야경 즐기기

바르셀로나의 밤은 특별하다. 몬주익 산에서 바르셀로나를 쳐다보면 해변에 비치는 바르셀로나가 무척 아름답다. 가우디가 만든 작품들도 밤에는 조명이 더해 한층 분위기가 있다. 음악에 맞춰 펼쳐지는 분수 쇼도 환상적이다. 분수와 어우러지는 조명, 분수의 스케일, 음악 3박자가 척척 맞아 움직이는데 보는 사람들 모두 입이 떡 벌어지게 만든다.

02 시장 구경하기

시장에 찾아가 스페인 사람들이 직접 만든 꿀, 반찬, 수공예품을 구경해보자. 그들의 삶을 아주 가까이에서 간접적으로 엿볼 수 있다. 식재료를 주로 파는 시장에서 독특한 식문화와 함께 예술적인 디스플레이도 살펴볼 수 있다.

03 카페 탐방하기

수백 년의 역사를 가진 골목길을 따라가 보면 속속들이 숨어있는 보물 같은 카페를 만날 수 있다. 유명한 체인점은 아니지만 카페별로 독특한 레시피로 커피콩을 블랜드 하여 전 세계 어디서도 맛볼 수 없는 독특한 커피를 만든다. 카페의 분위기, 커피의 맛과 향이 색다른 곳이 많으니 다양한 카페를 탐방해보자.

04 가우디 투어하기

스페인의 거장 '가우디'를 따라 예술 여행을 해보자. 사그라다 파밀리아, 카사 밀라, 카사 바트요 등 그가 만든 건축물을 둘러보면 여태 한번도 보지 못한 독특한 형태를 찾아볼 수 있을 것이다.

05 천천히 해변 거닐기

바르셀로나는 지중해와 붙어있는 도시이다. 인근 해변 바르셀로네타에 가서 천천히 여유를 즐기며 산책을 해보는 것을 추천한다. 맛집도 많으니 바다 풍경을 즐기며 해산물 요리를 맛보는 것도 추천한다.

바르셀로나로 떠나볼까?

바르셀로나 공항에서 시내로 가는 방법

❶ 렌페(기차) 이용하기

렌페RENFE는 스페인 철도청에서 운영하는 철도 시스템이다. 렌페를 타는 곳은 터미널 1(T1)에 있다. 공항에서 렌페를 타는 구역까지는 약 10분 정도 떨어져 있는데 렌페 플랫폼 내에 매표소와 카페가 있다. 바르셀로나에서 하루 이상 머무를 여행자라면 'T-10'(10번 대중교통을 이용할 수 있는 표) 표를 이곳에서 구매하는 것이 좋다.

- 운행시간 : 공항 06:13~23:40, 산츠역 05:45~22:16
- 비용 : 2.5€(30분마다 운행, 20분 소요)

❷ 공항버스 이용하기

공항버스의 최대 장점은 바르셀로나 내 유명한 여행지를 한번에 편하게 갈 수 있다는 점이다. 스페인 광장을 지나 카탈루냐 광장까지 운행한다.

- 운행시간 : 공항 06:00~24:00, 카탈루냐 광장 05:30~23:15, 주말 공항 06:30~24:00, 주말 카탈루냐 광장 06:00~23:15
- 비용 : 5.8€(12분마다 운행, 30분 소요)

❸ 46번 버스 이용하기

　현지인들이 주로 이용하는 교통수단이다. 가장 저렴하지만 가장 오랜 시간이 걸린다. B터미널 1층에서 탈 수 있으며 스페인 광장까지 운행한다.

- **운행시간** : 공항 05:30~00:00, 스페인 광장 05:00~23:20
- **비용** : 1.25€(30분마다 운행, 약 40분 소요)

❹ 택시

　새벽에 바르셀로나에 도착하여 마땅한 교통수단이 없다면 택시를 이용하자. 비용은 다른 교통수단에 비해 부담되지만 약 20분 내외로 빠르게 시내까지 도착할 수 있다. 짐이 많을 경우 팁이 3유로 정도 추가된다.

- **비용** : 25€

바르셀로나 내에서 이동하기

관광대국 바르셀로나는 교통편이 비교적 편리한 편이다. 주요 관광지는 지하철로 충분히 이동 가능하고, 버스 노선이 시내 구석구석으로 연결되어 있어 특정 목적지를 별로 걷지 않고 가고 싶다면 버스를 타도 괜찮다. 자전거나 오토바이를 하루나 1주 단위로 빌려주는 곳도 많으니 이런 교통수단을 적극 활용해보자.

✓ 바르셀로나 교통 티켓

　바르셀로나 교통 티켓은 지하철, 버스, 트램, 푸니쿨라, Rodalies바르셀로나 운영 기차 이용이 모두 가능하다.

- **싱글 티켓** : 바르셀로나 교통수단을 한 번 사용할 수 있는 티켓이며 환승은 되지 않는다. 가격은 2.2€이다.

- **T-10 티켓** : 이틀 이상 바르셀로나에 머무를 계획이라면 T-10 티켓을 추천한다. 한정된 기간 내 10회 이용이 가능하다. 티켓 한 장으로 여러 사람이 이용할 수 있어 동행이 있다면 하나의 티켓으로 다 같이 사용할 수 있다. 처음 탑승한 뒤 1시간 15분 내 3회까지 환승이 가능하다. 단 같은 호선이나 같은 버스로는 환승되지 않는다. 가격은 10.2€이다.

- **Hola BCN**(올라 바르셀로나: 바르셀로나 트래블 카드) : 바르셀로나 내의 교통을 무료로 사용할 수 있는 카드이다. 날짜와 횟수가 아닌 시간을 기준으로 운영된다. 48시간, 72시간, 96시간, 120시간 동안 모든 교통을 무료로 사용할 수 있다. 가격은 48시간 기준 15.00€ / 72시간 기준 22.00€ / 96시간 기준 28.5€ / 120시간 기준 35€

- **바르셀로나 카드** : 바르셀로나 트래블 카드와 바르셀로나 카드는 전혀 다르다. 바르셀로나 카드는 날짜를 기준으로 차감된다. 바르셀로나 트래블 카드는 2가지 종류가 있다. 기본 카드는 약 200여 개의 관광지에 무료 입장이 가능하며 레스토랑, 각종 액티비티 등의 할인 혜택을 제공한다. 교통 혜택을 받을 수 있는 카드를 선택하면 기본 카드에 바르셀로나 1존 내 모든 교통수단을 무료로 이용할 수 있다.

✔ 지하철

바르셀로나는 지하철 노선이 발달되어 있어 주요 여행지를 지하철로 쉽게 이동할 수 있다. 지하철 티켓도 종류별로 다양하니 용도에 따라 티켓을 구매하길 추천한다.

◆ 지하철 운행 시간

월-목	5:00 ~ 00:00
금	5:00 ~ 02:00
토-일	5:00 ~ 일요일 24:00

✔ 버스

바르셀로나의 버스는 지하철이 가지 않는 구석구석을 가기 때문에 버스 노선도만 잘 파악한다면 목적지에 쉽게 도착할 수 있다. 처음 가는 여행지의 버스 노선이 궁금하다면 인근 주민의 도움이나 구글 지도 검색을 통해 파악할 수 있다.

◆ 버스 운행 시간

첫차 시간	05:00 ~ 07:30 (버스 번호마다 다르다)
막차 시간	20:30 ~ 23:00 (버스 번호마다 다르다)

✔ 자전거

　고딕 / 보른 지구에는 하루나 일주일 간격으로 자전거를 빌려주는 업체들이 많다. 거리를 돌아다녀보면 자전거가 길가에 늘어서 있고 손잡이 부근에 'Rent'라고 적혀있는 종이를 찾아볼 수 있다. 바르셀로나의 일부 호텔에서도 자전거 대여 서비스를 제공한다.

　보통 2시간에 5~6유로 정도 하며 하루나 일주일 단위로 빌릴 수 있다. 여권이나 신분증을 맡기고 확인증을 작성한 뒤 자전거를 빌려준다.

~

세상에서 가장 재미있는 시장 구경

바르셀로나는 참 매력적인 구석이 많다. 어디서도 보기 힘든 건축물을 보는 것, 디자이너마다 독특한 취향과 가치관으로 만든 예술작품을 보는 것도 흥미롭지만 역시 뭐니뭐니 해도 바르셀로나의 하이라이트는 '시장'이다. 시장에 가면 이 도시에 사는 사람들이 무엇을 먹고 무엇에 관심이 많은지, 어떤 옷을 입고 어떤 것을 구입하는지 들여다볼 수 있다. 그래서인지 어느 나라, 어느 도시를 가더라도 꼭 시장에는 가보게 된다.

정신없이 어수선한 상황을 볼때 우리는 흔히 '시장통 같다'라는 말을 자주 쓴다. 그만큼 사람의 인식 속에 '시장'이라는 장소는 정신없고 복잡하거나 케케묵은 냄새가 나는, 긍정적인 의미보단 부정적인 의미로 사용되는 경우가 좀 더 많은 것 같다. 나 역시도 전통 재래시장을 안가본지가 몇 년째인지 모르겠을 정도로 시장과 멀어졌었는데 내 머릿속에 담긴 시장의 고정관념이 깨진 것은 '바르셀로나의 시장'을 만나고 나서부터이다.

001   세상에서 가장 재미있는 시장 구경

　바르셀로나의 시장은 정부 주도적으로 '바르셀로나'의 이름을 걸고 시장을 리모델링 하는 것으로 유명하다. 몸값 높은 스타급 디자이너를 정부가 직접 영입하거나 큰 예산을 투입하여 예술적이고 현대적인 시장을 만들도록 노력을 한다. 때로는 공사 시간이 3년 이상 걸리거나 예상치 못한 큰 돈이 투자되는 경우도 왕왕 있지만 정부는 물론 일반 시민들과 상인들은 부담을 기꺼이 감내한다. 누구에게라도 사랑받을 수 있는 시장을 위해서라면 이런 고민과 기다림은 당연히 기다려야 한다는 마음으로 너그럽게 바라본다.

　누군가는 재래시장의 종말을 예고한다지만 바르셀로나의 재래시장은 불황을 모르고 늘 문전성시를 이루고 있다. 볼거리가 무궁무진한 바르셀로나라지만 '시장'만큼 볼거리가 다채로운 장소도 없을 것이다. 바르셀로나의 시장은 가장 가까이서 볼 수 있는 살아있는 미술관과 같다. 물건을 팔기 위한 시장이 어떻게 변화하고 있는지, 진열은 어떻게 하고 있는지, 어떤 디자인이 숨어있는지 엿보는 사이 시장의 에너지에 두 눈과 두툼해진 배가 호사를 누리게 될 것이다.

MARKET

~

활기가 넘치는 보케리아 시장
BOQUERIA MARKET

전 세계 어디를 가도 시장 구경은 늘 재미있다. 시장에서만 느낄 수 있는 활기찬 에너지와 각양각색의 식재료는 늘 나를 설레게 한다. 바쁘게 움직이는 사람들의 손놀림과 목청에서 터져 나오는 우렁찬 소리에 본격적인 쇼핑을 하기도 전에 흥분이 된다. 시장 대부분은 이른 시간에 문을 열어 부지런한 여행자들의 아침 활기를 더한다.

바르셀로나의 식탁을 책임지는 보케리아 시장은 역사가 꽤 깊다. 11세기 경 중세시대 이 거리에는 각종 채소나 과일을 파는 상점들이 줄을 지었다. 많은 상인들이 이곳을 찾아와 채소류를 팔면서 더 많은 사람들에게 알려지게 되었다. 한편 근처에는 산 호셉 수도원이라는 곳이 있었는데 이곳에도 크고 작은 시장이 열리곤 했다. 가까운 장소에 2개의 시장이 열려 18세기에 산 호셉 시장과 채소류를 팔던 시장이 합쳐졌고, 이때부터 시장은 육류나 유제품도 함께 파는 종합 시장의 성격을 띠게 됐고 '보케리아'라는 이름으로 불리게 되었다. '보케리아'는 카탈루냐 지방어로 '고기를 파는 광장'이라는 뜻이다. 이런 유구한 역사 속에 보케리아는 과거의 명맥을 이어받아 365일 먹을거리가 넘쳐나고 있다.

항상 사람들로 붐비는 보케리아 시장이지만 우왕좌왕하지 않을 수 있는 이유는 소비자를 위한 고민의 흔적 덕분이다. 약 800여 개의 상점들이 과일, 채소, 유제품별로 깔끔하게 나뉘어 있다. 사과 몇 개를 진열하더라도 자연이 빚어낸 색감을 살릴 수 있도록 새빨간 사과를 규칙적으로 차곡차곡 쌓아둔다. 꼭 과일로 만든 미술 전시를 보는 것만 같다. 계란 하나를 팔더라도 닭 둥지를 만들어 그 안에 계란을 넣어 신선함을 눈으로 보여준다. 젤리와 초콜릿 진열대는 동화 속 한 장면을 구현한 것 같다. 크리스마스 시즌에는 산타클로스 할아버지 젤리, 루돌프 젤리가 진열되어 있고 여름에는 젤리와 초콜릿으로 만든 과자집이 놓여있다. 단순히 식재료를 파는 것이 아니라 효과적으로 진열해 식재료의 맛과 향을 상상할 수 있도록 만든다.

물론 시장 자체도 아름답지만 보케리아 시장이 사랑받는 이유는 따로 있다. 이곳에서만 느낄 수 있는 사람과 사람 사이의 마음 때문일 테다. 이른 아침 시장 개장할 무렵 보케리아 시장을 찾아간 적이 있다. 신선한 해산물 요리로 유명한 '바 센트럴' 직원들은 개장 할 때 모두 모여 큰 소리로 '프로페셔널 프로페셔널'을 연신 외친다. 우렁찬 목소리에 놀

라 쳐다보니 '우린 프로입니다.' 대뜸 한 사람이 웃으며 이야기했다. 뜬금없는 말에 황당하기도 했지만 긍정적인 에너지가 싫지만은 않았다. 하루에도 수백 명의 사람들이 찾아와 사람에 치이고 피곤할 만도 한데 이른 아침부터 '프로페셔널'을 외치며 긴장의 고삐를 늦추지 않는 모습에서 그들의 직업의식을 엿볼 수 있었다. 이색적인 음식과 향신료를 사진에 담으려고 카메라를 들이대면 인상을 찌푸리는 대신 오히려 더 적극적으로 포즈를 취하거나 더 멋드러지게 사진에 담을 수 있도록 구성해준다. 달랑 3유로짜리 아이스크림 하나를 사도 과일이나 뚜론을 마음껏 시식해보라고 권유하는 아주머니가 있고 젤리 한 봉지를 사도 덤으로 몇 개 더 얹어주시는 아주머니와 유쾌한 대화가 흐른다. 과일 하나라도 더 얹어주는 훈훈한 인심 덕분에 시장에 점점 빠져들게 된다.

장소가 주는 힘은 위대하다. 아무리 피곤해도 시장에 오면 활기가 돌아온다. 거칠게 사람들이 숨 쉬고 대화하는 모습을 보고, 상점들을 둘러보는 사이 나도 모르게 손이 자꾸만 카메라로 간다. 이렇게 아름다운 식재료와 음식, 활기찬 사람들을 보면 나도 뭔가 움직이며 이 순간을 포착하려는 의욕이 생긴다. 선물 모양의 젤리, 빨간 색깔의 아이스크림, 동그란 초콜릿을 보면 또 어딘가 재미있는 무언가가 있을 것만 같은 기대에 자꾸 호기심이 들고 활력이 생긴다.

원 없이 생기를 얻고 싶을 때면 항상 '보케리아 시장'이 떠오른다.

신선한 해산물 요리와 함께
바 센트럴

001 　　바 센트럴의 새우튀김

　　바 센트럴에서 가장 인기가 높은 요리는 단연 '새우튀김 요리'와 '빠에야'라고 한다. 직원의 추천으로 요리를 시키니 새우튀김은 주문한지 10분이 채 되지 않아 나온다. 알고 보니 바 센트럴은

주문한 음식이 빨리 나오는 것으로 보케리아 시장에서도 유명하다고 한다. 양념장을 두툼하게 발라 불에 노릇노릇하게 구운 새우 요리는 바삭한 식감이 일품이다. 올리브 오일을 얹어 보기 좋

002　　바 센트럴의 빠에야

게 플레이팅 되어 있다. 먹지도 않았는
데 플레이팅만 보고도 이 레스토랑의 정
성과 감각을 알 수 있을 정도다. 새우 하

나를 집어 입에 넣는 순간 통통한 새우
살이 느껴진다. 바삭해 보이는 튀긴 새
우 요리에서 느껴지는 폭신함이란!

바 센트럴　BAR CENTRAL

 # 위   치　보케리아 시장 내에 2곳이 위치한다. 정문을 기준으로 오른쪽 가장 끝에 위치한
　　　　　　곳이 인기가 많다. 맞은편 중간 코너에도 한 곳 있지만 자리가 협소한 편이다.

 # 주   소　RAMBLA 91, MERCAT DE LA BOQUERIA, 08001 BARCELONA, SPAIN
 # 전화번호　+34 931 71 70 61

 # 영업시간　08:00 ~ 20:00

 # 가   격　빠에야 17.5€, 타파스 5~16€, 문어요리 18€

보케리아 시장의 터줏대감
피노쵸 바

병아리 콩과 꼴뚜기로 만든 타파스

수백만 명의 관광객이 찾는 보케리아 시장에서 수십 년의 전통을 이어온 타파스 바가 있다. '피노쵸 바'는 꼴뚜기 요리와 해산물 타파스로 전 세계 사람들의 입맛을 사로잡은 가게이다.

바 피노쵸의 대표 메뉴는 '병아리 콩과 꼴뚜기로 만든 타파스'이다. 보케리아 시장이 어떤 시장인가. 세계적인 관광지로 각종 화려한 식자재와 아름다운 디자인으로 사람의 눈길을 쏙 빼놓는 곳이 아닌가. 그런 시장의 정문에 터줏대 감처럼 자리 잡은 '바 피노쵸'의 대표 메뉴가 '병아리 콩'이라니 어쩐지 좀 어울리지가 않다. 새빨간 랍스타 요리나 커다란 문어, 각종 화려한 해산물로 사람들의 시선을 단번에 잡을 만도 하지만 바 피노쵸는 수십 년간 병아리 콩, 꼴뚜기와 같이 소소하면서 가볍게 즐길 수 있는 요리로 사람들에게 마음을 건네고 있다. 부리가 나온 병아리 머리와 닮았다고 해서 '병아리 콩'이라 불리는 콩은 스페인 요리에 전반적으로 들어간다. 완두콩보다는 크고 강낭콩보다는 작은 게 노랗고 동그란 콩이 요리마다 들어있어 금세 배를 두둑하게 만들어준다. 병아리 콩은 '올라 포르리다OLLA PODRIDA'와 같은 고기 냄비 요리에 넣거나 코시도Cocido와 같이 고기 수프로 끓여 먹기도 하고 햄과 곁들여 먹기도 한다.

피노쵸 바　PINOTXO BAR

HTTP://PINOTXOBAR.COM

 # 위　치　보케리아 시장 정문으로 들어가 정문 맞은편에 위치한다.

 # 주　소　MERCAT DE LA BOQUERIA, CARRER LA RAMBLA, 89,
08002 BARCELONA, SPAIN

 # 전화번호　+34 933 17 17 31

 # 영업시간　06:00 ~ 16:00 (일요일 휴무)

 # 가　격　크로켓 1.10€, 카나페 타파스 3€, 야채 볶음(Escalivada) 6.5€,
병아리콩과 꼴뚜기 요리(Xipirons Amb Mongetes) 12.5€,

MARKET

세계에서 가장 아름다운 재래시장

산타 카테리나 시장

MERCAT DE SANTA CATERINA

산타 카테리나 시장은 현지인들이 주로 찾는 시장이지만 동시에 건축가나 예술가, 고고학자들까지 찾는 시장이다. 무엇이 특별해 이토록 다양한 사람들이 찾아갈까? 현지인들은 보케리아 시장보다 좀 더 한산하고 저렴한 가격으로 식재료를 구매할 수 있다는 이유로, 예술가들은 아름다운 시장을 감상하기 위해서, 고고학자들은 이 지역에서 발견된 유적을 공부하기 위해 시장을 찾아간다. 흔히 머릿속에 떠올리는 시장치곤 여러 재미있는 이야기가 많이 담겨 있어 오늘도 많은 사람들이 시장을 찾는다.

1223년, 지금의 시장 자리에는 수도원이 하나 있었다. 수도원은 가난한 사람들에게 먹을 것, 입을 것을 주고 일반 시민들에게는 마음의 안

식처가 되었다. 전쟁이 일어날 때마다 사람들은 수도원에 모여 들었고 수도원에서는 사람들에게 식사와 식재료를 나눠주었다. 사람이 모이면서 자연스레 물건을 사고파는 장소로까지 확대되었다. 대다수의 스페인 시장들은 이런 이유로 수도원에서 유래된 경우가 많다. 마찬가지로 '산타 카테리나 시장' 역시 수도원에서 시작되었고 나중엔 수도원에 없어져 그 자리에 시장만 자리 잡게 되었다.

수백 년 전에는 단순히 넓고 이름이 알려져 있는 장소라면 어디에 시장이 서든 상관없었다. 하지만 세월이 지나 소비자의 눈높이가 자연스레 올라갔다. 도처에는 세련되고 편리한 백화점과 쇼핑타운이 앞다퉈 개장을 하는데 여전히 재래시장은 케케묵은 냄새만 풍겼다. 사람들은 점차 시장에서 발길을 돌려 새로 생긴 쇼핑센터로 찾아 가기 시작했다.

'이러다 시장 문이 닫힐 것만 같아요. 시장에 통 사람이 안보이네요.'
'시장에 손님 없이 파리만 날린 지 벌써 며칠 째 인지 모르겠어요.'

시장 상인들이 너도나도 힘겨움을 토로하자 결국 바르셀로나 정부 차원에서 '산타 카테리나 시장'을 부활시키는 프로젝트를 시작한다. 예술과 디자인을 빼고 스페인을 이야기할 수 있을까. 정부 차원에서 시작한 시장 부활 프로젝트는 스타급 디자이너 영입부터 시작한다. 엔릭 미라예스ENRIC MIRALLES라는 세계적으로 유명한 건축가가 설계를 담당하면서 시장의 그림을 다시 그리게 된다. 다 허물어져가는 상점가를 세련되고 아름답게 표현하기 위해 외관에 거대한 지붕을 씌웠다. 시장에서 판매하는 가지, 생선, 토마토 등의 색감을 입혀 놓았는데 멀리서 보면 큰 무

001 & 002　산타 카테리나 시장의 외경

지개 파도가 일렁이는 것만 같다. 세계적인 건축가는 물결치는 지붕 구조물을 위해 세비야에서 공수한 육각형 도자기 타일을 일일이 잘라내 면을 곡면을 만들어 예술적 조형미를 극대화하였다고 한다.

80여 가지의 무지개 색깔을 가진 지붕도 이색적이지만 안 보이는 곳까지 구석구석 신경 쓴 흔적이 보인다. 시장의 후문은 고딕 지구 골목길과 연결되어 일부러 찾아가지 않는 이상 보이지도 않는다. 하지만 사람들의 발걸음이 안 닿는 곳까지 유려한 곡선 형태로 디자인하여 아름답고 독특한 시장의 형태로 탈바꿈시켰다. 거기다 독특한 벽화까지 그려 넣어 예술적 완성도를 더하고 있다.

시장 안에 유물이 전시된 것도 이색적이다. 이곳은 어떻게 디자인 할지 컴퓨터로 미리 시뮬레이션을 한 뒤 본격적인 공사를 시작했는데, 완공까지 약 10년이라는 생각지도 않은 오랜 시간이 걸렸다. 공사의 총책임자는 완공을 보지 못하고 죽었다. 이렇게 리모델링 기간이 길어진 이유는 시장터에서 계속 고대, 중세시대의 유물이 발견되어 공사가 중단되기 일쑤였기 때문이다. 기약 없이 지연되는 공사 탓에 당장 장사를할 수 없게 된 지역 상인들은 당연히 화가 났을 텐데도 당장의 이익보단 시장이 재탄생하는 것을 기대하며 차분히 완공을 기다렸다고 한다. 덕분에 공사는 2005년 마무리되어 아름다운 모습을 갖추게 되었다. 시장 관계자들은 기다려준 상인들에게 고마움을 표시하고자 이 지역에서 발견한 유물을 시장 내에 전시하기로 결정했다. 덕분에 산타 카테리나 시장은 단순히 사고파는 시장을 넘어 문화예술 공간으로까지 영역을 넓힐 수 있었다.

003　　예쁘게 진열된 식재료들　　　　　004　　산타 카테리나 시장의 모습

　　시장에 들어가 보니 식재료와 꽃, 각종 조리기구가 보기 좋게 진열되어 있다. 그중에서도 스페인 식탁에 올라가는 반찬과 식재료가 많이 눈에 띈다. 관광객이 많은 보케리아 시장에 비해 가격이 20%이상 저렴한 편이다. 그날 갓 잡은 생선이나 홍합은 물론 토마토, 양파, 계란까지 신선한 식재료가 가득하다. 입구에는 스페인 사람들이 주식으로 먹는 빵들이 수십 여 가지 판매하고 있고 신선한 식재료로 만든 타파스나 요리를 판매하고 있다. 특히 과일은 가격도 저렴하고 종류도 많아 여행 중 지친 혀를 달랠 수 있다. 물론 절인 반찬이나 빠에야를 비롯한 스페인 음식에 없어서는 안 될 향신료도 판매하고 있어 스페인 가정식을 좀 더 가까이서 볼 수 있다.

　　'시장은 어딜 가나 비슷하겠지.'라는 선입견이 있었지만 아름다운 건축물, 예쁜 벽화, 깔끔한 식재료에 케케묵은 선입견을 완전히 버리게 되었다. 시장 전반에 흐르는 활기찬 분위기 속에 나도 모르게 이미 밥을 충분히 먹었음에도 자꾸 타파스에, 빵에 눈이 간다.

"아가씨 토마토 먹어봐요. 마지막 남은 것 이거 다 줄게요."

시장에서만 들을 수 있는 훈훈한 아저씨의 한 마디에 어느덧 내 양손에는 빵과 과일이 담겨있다. '산타 카테리나 시장' 덕분에 '재래시장'이 좋아진다.

산타 카테리나 시장 MERCAT DE SANTA CATERINA
HTTPS://WWW.MERCATSANTACATERINA.COM/

위   치   야우메Ⅰ역(Jaume I)에서 내려 Via Laietana 방향으로 300m 가면 찾을 수 있다.

주   소   AV. DE FRANCESC CAMBÓ, 16, 08003 BARCELONA, SPAIN

영업시간   07:30 ~ 15:00 (일요일 휴무)

현지인들의 문화 엿보기
산 안토니 시장
MERCAT DE SANT ANTONI

바르셀로나에서 가장 오래된 역사를 갖고 있는 산 안토니 시장은 현지인들에게 존재감이 큰 시장이다. 한때 산 안토니 시장은 낙후된 재래시장 환경으로 사람들의 발길이 점점 끊겼었다. 자연스레 시장 주변의 상권도 무너져 지역이 쇠퇴했는데, 바르셀로나 정부에서 시장을 부활시키고 주변 상권을 활성화시키기 위해 대대적인 시장 리모델링을 결정한다. 총 3000평에 이르는 대규모 단지인 산 안토니 시장은 10년에 걸쳐 보수 공사를 하게 되었고 오늘날 세련된 건물의 대규모 재래시장이 탄생하게 된다.

산 안토니 시장은 식자재와 타파스, 빵과 같은 각종 음식은 물론 의류나 공산품도 함께 판매를 하는 점이 독특하다. 바르셀로나에서는 드

001 & 002　　산 안토니 시장의 외경

물게 재래시장에 지하 주차장이 있어 보관 창고의 역할도 겸하고 있다. 보케리아 시장과 비교하면 좀 더 차분한 분위기를 느낄 수 있는 곳이지만 현지인들에게 꼭 필요한 식재료, 생활용품의 종류가 많아 바르셀로나 시민들의 큰 사랑을 받고 있다.

시장은 월요일부터 토요일까지 식자재와 공산품을 판매하고 일요일에는 중고책 벼룩시장이 열린다. 3000평의 거대한 공간에 다양한 공간 활용이 두드러진다. 각종 식재료나 상품도 비교적 합리적인 가격대로 판매되고 있어 현지인들에게 인기가 많다.

산 안토니 시장 MERCAT DE SANT ANTONI
HTTPS://WWW.MERCATDESANTANTONI.COM

위   치   산 안토니 역에 내리자마자 시장 건물이 보인다. 걸어서 3분 거리이다.

주   소   AV. DE FRANCESC CAMBO, 16, 08003 BARCELONA, SPAIN

영업시간   07:30 ~ 15:00 (일요일 휴무)

그들은 어떤 책을 읽을까?
산 안토니 도서 벼룩시장

'산 안토니' 역에 있는 벼룩시장은 매주 일요일에 열리는 도서 벼룩시장으로 스페인어, 카탈루냐어로 된 책부터 다른 나라 언어로 적힌 만화, 그림책까지 다양한 도서를 다루는 시장이다. 도서 벼룩시장은 바르셀로나 현지인의 먹거리를 책임지는 '산 안토니 시장'의 외곽 통로와 건물 실내 일부를 활용해서 진행하는데 건물이 워낙 커 빠른 발걸음으로 한 바퀴만 돌아도 20분이 지나갈 정도로 규모가 크다. 관심 있는 책을 하나하나 자세히 들여다보면 시간은 어느새 훌쩍 지나가 버린다.

가끔 바르셀로나를 여행하다보면 스페인이라는 한 국가로 묶여 있지만 바르셀로나가 속한 카탈루냐 지역은 마치 '독립된 한 나라' 같다는 느낌을 받을 때가 있다. 서점에 가거나 이렇게 도서 벼룩시장에 올 땐 특히 그런 느낌을 더 자

001   가판대의 다양한 책들

주 받는다. 바르셀로나는 다른 도시와 다르게 서점이나 도서 벼룩시장이 독특하다. 콘텐츠는 같지만 책을 2가지 언어로 만들어 진열하기 때문이다. 한 권은 스페인어로 적힌 버전, 다른 한 권은 카탈루냐 지방 언어로 쓰인 버전으로 글자가 완전히 달라 서로 언어를 모르면 해석이 어렵다. 함께 공유한 역사는 물론

002   가판대의 다양한 책들

언어까지도 다른 상황을 보니 그저 생경하기만 하다.

　정치적인 문제야 어떻든 대다수의 사람들은 자유롭고 편안한 분위기에 조용히 책이나 한정판 잡지 등을 살펴본다. 관광객이 거의 없는 마켓이지만 일부 벼룩시장 상인은 관광객을 위한 바르셀로나 소개 책자나 바르셀로나의 상징 안토니오 가우디, 피카소 책을 단돈 5유로에 꺼내 놓기도 한다. 수십 년 전에 나온 잡지나 신문을 고이 접어 비닐에 넣은 채 비싼 가격에 파는 상인들도 제법 많이 보인다. 책들은 커다란 좌판 위에 수북하게 쌓여 있고 책 겉표지를 둘러보며 사람들은 천천히 좌판을 걸어간다.

　아침 9시부터 시작하는 벼룩시장은 10시 반만 되면 금세 사람들로 북적이기 시작한다. 한낮의 벼룩시장은 북적이는 사람들과 강한 햇볕 탓에 후덥지근하지만 저렴한 가격에 재미있는 책을 찾아볼 수 있어 매주 인기가 많다.

여행은 사람의 취향과 상태를 따라 간다고 생각한다. 모두가 다르듯 개인의 취향도 백만 가지일 텐데 누구나 정석대로 똑같은 건축물을 보고 같은 미술품을 볼 수는 없는 노릇이다. 때론 내 취향대로 발길이 이끄는 대로 가는 여행이 나에게 가장 필요한 여행이 아닐까? 책에 파묻혀 하루의 여유를 즐기고 싶을 때면 이곳으로 발길을 옮긴다.

INFO

바르셀로나의 벼룩시장

유럽은 어딜 가도 사람의 정성과 손길을 중요하게 여기는 것 같다. 현실적으로 높은 물가와 사람의 온기를 중요시 하는 이유로 유럽 내 어느 나라, 어느 도시를 가도 벼룩시장이 참 발달되어 있다.

바르셀로나 역시 벼룩시장이 많이 발달되어 있다. 남이 쓰던 것을 다시 쓴다는 게 찝찝할 수 있지만 생각보다 무척 저렴한 가격의 알짜배기 소품들이 있어 흙속에 진주를 발견하는 재미가 있다.

✔ 산 안토니 중고 서적 벼룩시장 THE SUNDAY MARKET OF SANT ANTONI

대부분 스페인 책은 10유로 이상이지만 중고 서적 벼룩시장에서는 1유로짜리 책도 수두룩하다. 게다가 만화책이나 DVD까지 함께 판매해 볼거리가 풍부하다. 그림책도 많아 스페인어를 배우는 학생들에게도 추천한다.

• **일시** 매주 일요일　　**장소** 산 안토니 역에서 내리면 시장이 보인다. 시장 바깥에서 중고 서적 벼룩시장이 열린다.

~~~~~~~~~~ TIPS ~~~~~~~~~~

벼룩시장은 바르셀로나 외 스페인 전역에서 펼쳐진다. 주로 토요일, 일요일에 대성당 근처에서 펼쳐진다. 바르셀로나 외 다른 도시를 여행할 계획이라면 주말 오전 대성당이나 공원 근처를 찾아가면 벼룩시장을 쉽게 찾아볼 수 있을 것이다.

✓ 엔칸츠 벼룩시장

ENCANTS MARKET

바르셀로나 최대의 벼룩시장이다. 너무 관광지화 되어 현지인들은 오히려 자주 찾지 않지만 규모면에서는 단연 으뜸이다. 없는게 없을 정도로 다양한 품목을 판매한다. 옷, 신발, 장난감 등 벼룩시장에서 취급하는 모든 물품을 판매하니 빈티지에 관심이 많은 사람이라면 찾아가보자.

• **일시** 월, 수, 금, 토 (09:00~20:00) 일, 화, 목 휴무   **장소** Glories 역에서 내리면 바로 보인다.

✓ 엘 플리 벼룩시장

EL FLEA

엔칸츠 벼룩시장 다음으로 규모가 큰 편이고 현지인들이 제법 많이 참여한다. 주로 의류나 장신구를 판매하는데 독특한 제품이 많은 편이다.

• **일시** 일요일 (09:00~14:00, 한 달에 한 번 2번째 일요일)   **장소** Blanquerna 광장 (3호선 Drassanes역에서 걸어서 8분 거리)

문화와 예술이 살아 숨쉬는 그라시아 거리

항구인 바르셀로나는 무역으로 세계 각국과 교역을 하면서 돈이 모여든 도시이다. 소득이 늘어 일정 수준 이상의 생활을 유지하게 된 사람들은 점차 아름다움을 추구하기 시작하였다. 특히 자연에서 받은 영감을 건축과 예술품으로 표현하려는 시도가 많았는데, 그라시아 거리는 이런 노력들을 한데 모아 볼 수 있는 곳이다.

'큰 길'이라는 뜻의 그라시아 거리는 넓은 대로변에 아름다운 조형과 건축물이 가득하다. 풍부한 색감과 유기적인 선들이 만든 건축물이 거리를 연결하고 있다. 어디서도 보기 힘은 독특한 색과 형체는 사람들의 이목을 집중시킨다. 파도에서 영감을 받은 색감, 사람의 뼈를 보고 만든 발코니의 독특한 형태 등은 현란한 네온사인 하나 없는 이 거리에 개성을 부여한다. 문화와 예술이 넘치는 거리답게 카페와 맛집 역시 저마다 개성이 넘친다. 화려하게 장식된 프랜차이즈 가게는 거의 찾아보기 힘들고, 골목길 구석 어딘가에 카페와 맛집이 조용히 자리 잡고 있다. 현지인이 아니면 좀처럼 찾아가기 어려울 정도로 한적하게 위치해 있지만 맛이 훌륭하거나 분위기가 편안해 멀리서도 사람들이 찾아온다.

그라시아 거리

　문화와 예술이 넘치는 그라시아 거리에 있는 대부분의 건축물들은 100년이 훌쩍 넘은 것들이다. 빠른 변화보다는 오랫동안 유지하는 전통을 중요한 가치로 여기며 옛것을 더욱 소중하게 가꿔 나간다. 이곳의 맛집들도 마찬가지로 브랜드 가치를 소중하게 여기며 자주 바꾸기 보단 분위기와 맛을 오랫동안 유지하기 위해 노력을 한다. 그래서 이곳의 맛집이나 알려진 카페들은 작지만 몇 년이 지나도 한결같은 분위기와 맛으로 손님들을 반기고 있다.

코스타리카에서 건너온 특별한 커피
온나 커피

가우디의 작품 '카사 밀라'와 '카사 바트요'가 있는 그라시아 거리에는 조용하면서 개성 있는 카페가 꽤 많다. 대부분 가우디의 흔적을 찾아 그라시아 거리를 찾아오지만 조금만 더 깊숙이 이곳을 살펴보면 한적하게 휴식을 취할 수 있는 공간이 곳곳에 숨어있다. 일본어로 '여자'라는 이름을 가진 '온나' 커피 역시 수줍은 여자처럼 골목길 어딘가에 조용히 숨어있는 카페이다. 초행길에는 찾아가기 그리 쉽지 않지만 한번 찾아가면 맛에 이끌려 두고두고 생각나는 그런 카페이다.

스페인의 카페나 베이커리는 다른 가게에 비해 비교적 이른 시간에 문을 여는 편이다. 8시 30분경 그라시아 거리의 다른 가게들은 문을 굳

001   온나 커피

게 닫고 있지만 골목길 한쪽에 있는 온나 커피에는 환한 불빛이 보인
다. 벌써부터 많은 사람들이 자리를 잡고 여유롭게 커피를 즐기고 있
다. 커피와 가벼운 빵 한 조각에 단순하지만 기분 좋은, 저마다의 아침
을 시작한다.

   온나 커피는 코스타리카에서 건너온 바리스타가 코스타리카 산지의
커피를 로스팅하여 만들어준다. 코스타리카라는 나라 자체가 생소하
게 들렸지만 커피 매니아들 사이에선 맛으로 인정받는 몇 안 되는 나
라 중 하나이다. '사람은 죽어서 천국에 가길 원하고 커피 매니아들은
죽어서 코스타리카에 가길 원한다.'는 말이 있을 정도로 코스타리카의
커피는 세계적으로 유명하다고 한다. 그도 그럴 것이 아예 나라 전체가

'아라비카 커피종'만 키울 수 있도록 엄격하게 법적으로 규제를 하여 커피의 품질을 높이기 위해 노력한다고 한다. 인스턴트 커피용으로 만드는 커피 대신 최상급의 커피만을 생산하여 커피를 생산할 수 있는 면적 대비 커피콩의 품질이 전 세계에서도 가장 좋다. 이렇게 최상급 커피로 유명해진 이유는 코스타리카 환경의 영향도 크다. 향이 진하고 맛이 오래가는 커피 원두를 만들기 위해선 꽤나 까다로운 기후조건을 견뎌야 한다. 일교차가 큰 환경에서 자란 커피 원두는 단단하고 밀도있게 콩이 영그는데 이런 환경에서 자란 커피콩일수록 향이 오래하고 맛이 진하다.

002   가게 내 코스타리카 지도

흔히 코스타리카 커피를 '과일, 흑설탕'과 같은 맛이 난다고 표현한다. 과일에서 느껴지는 신맛과 깊은 달콤함이 동시에 느껴져 첫맛과 뒷맛이 다채롭다. 전체적으로 묵직한 맛보다는 산뜻하고 깔끔한 맛이 느껴진다. 커피맛처럼 '온나 커피' 카페 자체도 단순하다. 앉을 자리를 찾으러 안으로 들어가 보니 인테리어도 단순하다. 기다란 책상과 의자, 생수와 거울, 커피 지도가 전부이다. 오밀조밀한 장식품이나 화려한 액자 따위는 찾아보기 어렵다. 딱 커피를 위한, 커피에 의한 가게이다. 단순하지만 오히려 너무 단순해 부담이 되지 않는다.

"카페가 참 멋지네요."라고 이야기 하니 바리스타는 '푸라 비다PURA VIDA'라는 말로 대답한다. 푸리비다는 코스타리카어로 '심플한 생활'라는 의미인데 정말이지 커피와 공간이 이 한 단어로 설명이 되었다. 활기와 에너지가 넘치는 스페인에서 담백한 분위기와 단순한 카페가 어쩐지 어색하지만 꽤 많은 사람들이 이곳으로 건너와 조용히 자신만의 시간을 보내고 있다.

가방을 놓고 내가 좋아하는 '카페 콘 레체'를 주문하니 이름을 물어본다. "정희, 하지만 그냥 제니라고 불러도 돼."라고 이야기 하니 바리스타는 "종희, 즁희, 정희"라고 중얼 거린다. '이름을 불러 주나보네...'라고 생각하며 두리번거리니 얼마 안 있다 "종희! 즁희?!" 라고 부른다. 바리스타에게 찾아가니 그제서야 내 얼굴을 바라보고 에스프레소에 우유를 조심스레 따르기 시작한다. 이미 만들어진 커피를 줄 것이라 생각했는데 내 이름을 부르고, 얼굴을 보고, 커피를 만들기 시작한다. 이름을 부르고 나와 눈을 마주치며 커피를 만드는 그 시간 속에 정성스레 나를 위한 커피를 만들어 주는구나! 라는 느낌을 받았다.

배는 고프지 않았지만 정성스레 내 커피를 내려주는 모습을 보니 디저트에도 저절로 신뢰가 갔다. '홈메이드'라고 적혀있는 글씨가 왠지 '난 특별한 빵이에요!'라고 외치는 것만 같다. 내 눈에 가장 맛있어 보이는 레몬 케이크를 얼른 사서 자리에 앉았다. 포크로 한 입 푹 떠서 입에 집어넣으니 입 안 가득 퍼지는 치즈의 깊은 맛과 상큼한 레몬맛이 함께 어우러진다. 여기에 '카페 콘 레체'를 곁들이면 그 부드러움은 두 배가 된다. 이렇게 작지만 확실한 행복이 또 어디에 있을까! 눈 깜짝할 새 케이크는 단숨에 없어지고 내친김에 직접 만든 오트밀 쿠키까지 몇 조각 사 먹었다. 스페인 현지 사람들은 가볍게 커피 한잔을 아침으로 즐긴다지만 이방인은 치즈케이크, 오트밀쿠키, 당근케이크 할 것 없이 우걱우걱 끝도 없이 맛있는 디저트를 먹으며 이 시간을 즐긴다.

이렇게 편안한 시간을 보낼 수 있다니! 커피의 맛에 취해, 이 분위기가 기뻐 이 카페에 온지 3시간이 넘어간다. 스페인에서 내가 가장 편안하게 시간을 보낼 수 있는 카페를 찾은 것 같다. 하지만 모르겠다. 난 분명 내일이 되면 또 다른 독특한 카페를 찾게 될 것이란 것을 잘 안다. 이곳에서 10분 정도 걸어가면 이탈리아 청년들이 만든 티라미슈를 맛볼 수 있고 15분 걸어가면 또 다른 남미 원두로 만든 카페를 갈 수 있다. 독특하고 컨셉이 확실히 잡힌 카페들이 도처에 널려있어 마치 주책맞은 팔랑귀처럼 여기저기 카페를 다니며 나도 모르게 카페에 마음을 뺏기게 된다. 오늘은 '코스타리카'라는 나라로 잠깐 떠나 이곳의 과일향을 듬뿍 마셨다면 내일은 어느 나라의 향을 느낄지 모르겠다. 그래서 난 스페인의 카페들을 사랑하나보다. 어디를 가도 어떤 카페를 가도 똑같

003 & 004　온나의 카페 콘 레체와 쿠키들

지 않고 저마다 색깔이 있어서 말이다. 공장에서 나온 커피가 아니라 그 사람만이 내려주고 그 사람만 지을 수 있는 웃음이 느껴지는 그런 커피를 마실 수 있기 때문이다. 작지만 크게 느껴지는 공간이 있다. 커피의 향과 맛이 좋을 때, 나를 위하는 마음이 느껴질 때, 담백하지만 깔끔할 때, 잊혀지지 않는 공간이 된다. 오랜만에 바르셀로나에서 그런 공간을 만난 것 같아 기분이 좋다.

온나 커피 ONNA COFFEE

 # 위 치   카사 바트요에서 카사 밀라 방향으로 10분간 걸은 뒤 카탈루냐 호텔이 있는 거리에서 우회전한다. Carrer de Santa Teresa 골목으로 들어가 3분 정도 걸으면 찾을 수 있다.

 # 주 소   CARRER DE SANTA TERESA, 1, 08012 BARCELONA, SPAIN

 # 전화번호   +34 932 69 48 70

 # 영업시간   08:00 ~ 19:00 (화요일 휴무)

 # 가 격   에스프레소 1.50€, 아메리카노 1.75€, 코르타도 1.70€, 카페 콘 레체 1.95€

골목길 숨은 카페 여행
시라 커피

딱 나만 알고 싶은 카페가 있다. 커피맛이 좋아야 함은 당연하고 조용하지만 따스함을 느낄 수 있는 카페는 정말이지 딱 나만 알고 싶다. 그라시아 거리 구석진 자리에 조용히 있는, 나만 알고 싶은 카페는 여기 이곳, 시라 커피이다.

'얼마나 커피가 맛있길래 이렇게 구석에 있는 거야?' 후미진 변두리의 좀처럼 길을 찾기 어려운 골목에 위치한 탓에 찾아가면서도 맛있는 커피집이 맞을까? 라는 생각이 덜컥 든다. 찾기 쉬운 대형 커피숍에 길들여져 어쩐지 후미진 골목길, 5평 남짓한 가게가 낯설다. 골목길을 걸어 찾아가니 작디작은 공간에 사람들이 편하게 들러 대화를 나눈다. 화려한 카페보단 마치 동네 사랑방처럼 보인다.

001　　시라 커피

　　시라 커피는 온두라스 산지의 커피를 바리스타만의 방식으로 로스팅하여 특별한 맛을 낸다. 온두라스는 커피 경작에 유리한 환경을 타고났다. 해발 1000~1700m 고지대에 위치하여 커피 경작에 필수적인 일조량과 강우량을 갖고 있다. 고지대 특유의 일교차까지 더해 커피 재배에 이상적이다. 토양까지 화산재라 커피 재배에 필요한 각종 영양소를 갖고 있다. 이런 좋은 환경 탓에 전 세계에서 가장 커피를 많이 생산하는 나라로 다섯 손가락 안에 드는 나라가 되었다.

　　지형이나 환경이 아무리 좋아도 사람의 정성과 노하우 없이 맛있는 커피콩을 수확하기란 쉽지 않다. 대부분의 커피를 사람이 손으로 하나

하나 직접 수확한다. 빠르게 돌아가는 경쟁적인 세상 속에서 천천히 마음을 담아 커피를 생산한다. 사람의 땀과 태양, 바람, 시간이 빚은 원두라 맛과 향에 자연스레 깊이가 느껴진다. 정성과 땀이 녹아 있어 그런지 '온두라스' 커피는 전 세계에서 고급 커피를 가장 많이 생산하는 나라가 되었다.

커피 맛은 묘하게 사람과 자연 환경의 영향을 많이 닮는다. 천천히 자연의 힘으로 원두를 기르고 말려서 그런지 자극적인 맛 대신 부드러운 맛이 느껴진다. 강하고 빠르게 커피의 향과 맛을 남기는 대신 천천히 시간을 들여 음미할 때 본연의 향과 맛이 느껴진다. 그래서 온두라

002 　시라 커피의 내부

003   시라 커피의 카페 콘 레체

스 산지의 원두는 다른 원두와 블랜딩을 하여 사용하는 것으로 유명하다. 하지만 이곳 시라 커피는 '온두라스 산지의 원두'로만 로스팅을 하여 '부드러운 커피' 맛으로 유명하다. 한 모금 입에 머금으면 과일, 초콜릿, 과자와 같이 연상되는 단어는 없지만 목 넘김이 아주 부드럽다. 부드러운 맛은 자극적이지 않고 편안해 다른 어떤 디저트와 함께 곁들여 먹어도 잘 어울릴 것만 같다.

　　"커피 맛이 좋은데요? 이렇게 부드러운 커피는 처음이에요."
　　"그야 제가 커피를 만드는 아티스트니까요. 커피 예술가라고 할까"

　'커피 예술가'라는 말에 피식 웃음이 나왔지만 '카페 콘 레체'를 만들 때도, 그보다 더 적은 양의 '카페 코르타도'를 만들 때도 무언가 예술작품을 만들듯 심혈을 기울인다. 부리부리한 눈으로 투박한 일회용 컵을 바라보며 우유를 따르는데 무언가 커피에 그의 진지함을 담아내는 것 같다. 커피를 워낙 섬세하게 만들어 나오는 시간은 느린 편이다. 심지어 사람들이 한꺼번에 들어와 자리가 꽉 찼는데도 아랑곳 하지 않고 한 컵 한 컵 정성을 다해 커피를 만든다. 그렇게 공을 들여 만든 커피라 그런지 한 모금 마셔보니 '과연'이라는 말이 나온다. 부드럽기로 소문난 온두라스 커피에 우유의 부드러움까지 더하니 이 부드러움에 내가 다 취하는 기분이 들었다.

　　커피로 에너지를 충전이라도 해주겠다는 의미인지 컵에는 '찌릿' 전기가 들어오는 마크가 새겨져 있다. 가만히 살펴보니 가게 전체가 이

마크로 도배되어 있다. 커피 원두 앞에도 마치 충전하는 것과 같은 마크가 새겨져있고 홀더에도, 간판에도 마크는 새겨져있다. 카페에서 판매하는 모든 것에는 마크가 새겨져있다. 그 마크가 어떤 의미인지는 모르겠으나 커피를 관통하는 전기 표시는 내 생각에 커피로 세상을 충전시켜준다고 말하는 것 같다.

사람과 서로 마주보고 앉아 커피를 마실 수는 없다. 조그마한 카페라 모두가 바 테이블에 앉아 커피를 음미한다. 덕분에 전혀 모르는 사람과 나란히 옆에 앉아 커피를 마실 수밖에 없다. 그렇게 앉아 마시다보면 우연히 서로 이야기를 나누게 되고 그럼 옆 사람이, 다시 그 옆 사람이 이야기를 거들며 동네 사람들 몇 명과 대화를 나누고 있는 나 자신을 발견한다. 어쩌다 혼자 앉아있는 시간엔 동네 사람들 대신 멋쟁이 바리스타가 말을 건넨다. 벽면에 걸린 사진은 모두 자신이 일본에 가서 직접 촬영한 사진이라며 한장 한장 설명을 해준다. 심지어 설명을 하다 기분이 좋아졌는지 내게 교토의 풍경이 담긴 흑백사진 한 장을 선물로 건넨다.

커피를 마실 수 있는 단순한 공간이기도 하면서 사람 간의 정을 느낄 수 있는 곳이다. 바리스타의 스스럼없는 선물과 여행 이야기도, 동네 할아버지, 아줌마의 관심과 안부 이야기를 주고받으며 나도 모르는 사이 이 카페에 애정이 깃든다. 여기에 부드러운 커피맛까지 더해 언제 어떤 상황에 가도 마음이 따스해진다. 그라시아 거리의 꼬불꼬불 골목길 어딘가, 보이지도 않는 조그만 간판과 함께 있는 소박한 공간이지만 나를 비롯한 많은 사람들은 이곳을 늘 찾는다. 무척 부드럽고 따뜻한 맛과, 향과 함께 따스한 분위기가 느껴지는 바르셀로나에서 가장 편안한 다락방처럼 느껴진다.

시라 커피 SYRA COFFEE

\# 위   치   온나 커피에서 Carrer del Torrent de l'Olla 거리를 따라 올라가면 보인다. 온나 커피에서 약 10분, 나부코 티라미슈에서 5분 거리이다.

\# 주   소   CARRER DE LA MARE DE D□U DELS DESEMPARATS, 8, 08012 BARCELONA, SPAIN

\# 전화번호   +34 666 72 07 43

\# 영업시간   08:00 ~ 19:00

\# 가   격   에스프레소 1.60€, 아메리카노 1.8€, 코르타도 1.80€, 라떼 1.9€, 모카 2.3€

촉촉하고 깊은 맛의 티라미슈를 맛보고 싶다면
나부코 티라미슈

미로같이 엉켜있는 골목길에 파묻혀 갈 때마다 길을 헤매지만, 막상 안에 들어가면 우스꽝스러운 캐릭터 포스터와 함께 개성 있는 분위기가 독특한 카페가 있다. 바로 '나부코 티라미슈'다. 한 사람 한 사람 엉뚱한 개성을 지닌 사람들의 인물 포스터가 빼곡히 걸려있는 게 재미있다. 굵고 강렬한 선과 원색의 색으로 표현된 인물들이 이 공간을 편안하게 만들어 주는 것 같다. 문을 열자마자 노릇노릇 잘 구워진 여러 케이크와 6~7가지의 타르트들이 가득하다. 바르셀로나에 괜찮은 디저트 가게가 없다는 점을 알게 된 두 명의 이탈리아 청년은, 2013년에 이 카페를 열고 이탈리아 북부 지역의 디저트인 '티라미슈'를 팔기 시작했다. 어떻게 하면 정통 이탈리아 디저트를 바르셀로나 사람들에게 잘 알릴

001   나부코 티라미슈의 내부

까에 대해 고민을 하며 머리를 맞대고 의논한 끝에 '그냥 집에 온 것처럼 편안하게 만들어보자.'고 결정하였다. 집에서 하듯이 직접 반죽을 하고 치즈도 만드는 일은 손도 많이 가고 시간도 많이 가는 일이지만, 카페 뒤 별도의 공간을 따로 만들어 티라미슈를 만들고 있다. 이탈리아에서 먹던 그대로, 마치 집에서 손님을 대접하듯 직접 만들어 파는 디저트는 금세 소문이 나 지금까지 인기를 끌고 있다.

사실 티라미슈를 워낙 좋아해 한국에서 만드는 법을 몇 번이고 배웠을 정도이다. 아직도 만드는 것은 서툴지만 판매되는 티라미슈를 보면 어떤 식으로 만들었는지 대충 짐작을 할 수 있는 수준 정도는 된다. 티라미슈에서 가장 중요한 것은 크림치즈이다. 대충 빵을 두껍게 만들고 치즈는 얇게 바른 티라미슈는 내 기준에선 진정한 티라미슈가 아니다. 풍부하고 진한 치즈가 듬뿍 듬뿍 들어가 한입만 먹어도 입 안에 치즈가 사악 부드럽게 퍼져야만 진정한 티라미슈라 할 수 있다. 치즈를 얼마나 신선하고 좋은 것으로 사용하느냐에 따라 티라미슈의 맛이 달라지는데, 과연 바르셀로나를 대표하는 카페답게 이곳의 티라미슈는 언제 가도 치즈가 제법이다. 빵 맛보다는 치즈의 고소함이 입가에 스미는 게 딱 지친 마음을 녹일 정도의 부드러움이다. 치즈만 맛보기 부담스러울 때 에스프레소를 한 잔 곁들이면 느끼함도 적당히 잡아주면서 당분도 보충할 수 있다.

002   나부코 티라미슈의 티라미슈

003 & 004   나부코 티라미슈의 안팎

　주변을 둘러보니 할머니, 할아버지, 어린아이들까지 자리에 앉아 모두 티라미슈를 맛보고 있다. 누군가는 티라미슈가 달콤한 시간을 더욱 달콤하게 만들기 위해, 다른 누군가는 씁쓸한 시간을 달래기 위해 디저트를 맛본다. 계획한 대로, 내 삶을 내 마음대로 조정하고 싶지만, 시간이 흐를수록 삶은 더 자주 내 의지와는 상관없이 흘러간다. 이럴 때면 아주 사소한 순간 좌절하기도 하고 우울해지기도 한다. 누구나 그럴 때 자신만의 처방전을 찾기 마련이다. 마음이 헛헛할 때면 기가 막힐 정도로 달고 맛있는 티라미슈 가게에 간다. 작은 숟가락이 아주 쉽게 폭폭 들어가는 것도 재미있고 무엇보다 맛있어서 행복하다. 분명 몇 시간 전만 하더라도 내 인생이 내 마음대로 돌아가지 않는다고, 나는 왜 이렇게 의지가 약한 것일까 우울했지만, 작은 디저트 하나에 금방 마음이 풀린다. 이 티라미슈를 퍼먹는 사이 혼자 고요하게 '행복'이라는 단어에 대해 생각해보았다. 어쩌면 인생이 내 맘대로 돌아가지 않는다 하여도 그

타파스 & 카페 맛있는 스페인에 가자

냥 맛있는 커피 한잔과 디저트 한 조각 입안에 물고 쉴 수 있는 여유가 있으면 행복이 아닐까 생각해본다.

고단한 하루, 지친 마음을 토닥여주고 싶을 때 이 카페를 추천한다.

나부코 티라미슈 NABUCCO TIRAMISU

NABUCCOTIRAMISU.COM
FACEBOOK.COM/NABUCCOTIRAMISU/

 # 위   치 Diagonal역에서 MACSON 브랜드 방향으로 10분 정도 걷는다.
Carrer Gran de Gràcia 거리를 따라 올라간 뒤 Carrer de Sant Domènec
방향으로 우회전한다. 광장(Plaza de la Villa de Gracia) 근처에 위치한다.

 # 주   소 PLAÇA DE LA VILA DE GRÀCIA, 8 08012 GRACIA BARCELONA, SPAIN
 # 전화번호 +34 932 17 61 01

 # 영업시간 16:00 ~ 24:00 (금, 토요일은 새벽 1시까지)

 # 가   격 모닝세트(커피+크루아상) 2.90€, 에스프레소 1.30€, 코르타도 1.40€,
얼그레이 2.20€, 티라미수 작은 것 (80gr) 2.50€, 큰 것 3.80€

~

바르셀로나의 타파스 일 번지 블라이 거리

람블라스 거리를 중심으로 오른쪽 밑으로 내려가면 '버려진 땅'이었던 라발 지구가 나온다. 바르셀로나하면 가장 많이 소개되는 람블라스 거리나 고딕 지구가 있는 중심지의 외곽에 있어 사람들이 떠올리는 우아한 도심과는 분위기가 사뭇 다르다. 버려지고 더러운 공간에는 아프리카와 중동에서 건너온 이민자, 마약 판매상, 창녀, 도박자들이 몰려들어 터를 잡았다. 그러면서 다 찢어진 옷을 입고 피어싱을 덕지덕지한 보헤미안들이 그들만의 질서를 가지고 살아가는 삶의 구역이 되어갔다. 고삐 풀린 자유만 가득해 거리는 쓰레기와 각종 오물로 뒤덮히고 신문의 사회 1면을 장식하는 살인, 강도와 같은 범죄도 대부분 이곳에서 벌어져 관광객은 물론 현지인들조차 이 지역을 외면했다. 한마디로 라발 지구는 바르셀로나시의 골칫덩이였다.

이렇게 답 없는 우범지대로 유명했던 라발 지구가 요즘 바뀌고 있다. 배고픈 예술가들이 바르셀로나에서 가장 저렴한 장소를 찾아 이곳으로 몰려들었다. 수많은 예술가가 이곳에 터를 잡고, 바르셀로나 정부도 팔을 걷어붙이고 지역 리모델링을 시작했다. 그러면서 라발 거리에는 퀭한 눈으로 다리를 쩍 벌린 채 담배를 피우는 여자들 대신 자유롭게 음

악을 연주하는 사람들이 거리를 활보하게 되었다. 개성 넘치는 예술가들은 자신의 브랜드를 만들어 독특한 분위기의 레스토랑과 브랜드 상점을 열었다. 그러자 예술을 사랑하는 바르셀로나 시민들은 점점 이곳을 달리 바라보기 시작했다. 사람들은 이곳으로 몰려들기 시작했고 이제 '라발 지구'는 바르셀로나에서 가장 재미있고 개성 있는 동네로 이름을 알리고 있다.

바르셀로나에서 가장 예술적이고 자유로운 구역인 라발 지구에는 타파스 거리가 있다. 바로 '블라이 거리'라는 곳이다. 1km 정도 이어지는 골목에 온통 타파스 가게가 늘어서 있어 기본 2~3개의 가게를 돌아다니며 맛볼 수 있다. 말하자면 현지인들의 먹자골목이다. 관광지에 있는 가게는 보통 타파스 하나에 대략 3~4천 원 정도라 3개만 먹어도 금세 호주머니가 가벼워진다. 하지만 블라이 거리에서는 약 1/3 가격으로 훨씬 다양한 종류의 타파스를 즐길 수 있다. 저녁 9시만 되면 이곳의 유명한 타파스 바에는 앉을 자리가 없을 정도로 현지인들로 가득 찬다. 분위기는 무척 흥겨워 술 몇 잔 걸친 사람들이 길거리에서 노래를 신나게 부르기도 하고 대로변에서 버스킹이 펼쳐지기도 한다. 개성 넘치는 라발 지구에 있는 곳답게 예술 공연과 유쾌한 대화가 늘 함께한다.

영혼이 가장 자유로운 동네에서 타파스를 원 없이 먹고 싶다면 라발 지구에 있는 블라이 거리로 찾아가보자.

연어 타파스가 일품인
뀌멧 앤 뀌멧

고백하자면 난 연어 킬러이다. 회사 근처에는 연어 덮밥집이 있었는데 연이은 회의에 아주 피곤한 하루면 어김없이 찾아가 연어 뱃살동을 먹곤 했다. 부드러운 연어살에 고추냉이를 찍어 먹으면 없던 입맛도 살아나 하루의 고단함이 사라지곤 했다. 스페인 사람들도 나만큼 연어를 사랑하는지 연어를 사용한 타파스가 꽤 많이 보인다. 게다가 바르셀로나는 바닷가와 접한 도시라서 그런지 하나같이 해산물이 싱싱하다. 어딜 가도 싱싱한 연어가 들어간 타파스만 골라먹다 우연히 바르셀로나에 살고 있는 친구에게 연어가 들어간 타파스로 모두의 입맛을 사로잡는 곳이 있다는 정보를 들었다. 가게 이름과 연어 타파스라는 제한된 정보만 알고 타파스 가게를 찾아갔지만 생각보다 무척 찾기 쉬운 편이었

001 & 002　　꿰멧 앤 꿰멧의 입구와 타일 벽화

다. 블라이 거리 어딘가에서 가게를 둘러싼 채 웅성웅성 서 있는 사람
들을 발견했다면 아마도 그곳이 '꿰멧 앤 꿰멧'일 것이다.

붉은색 길다란 문 사이로 보이는 투명 박스에는 온갖 종류의 해산물
과 절인 야채가 진열되어 있다. 내가 사랑하는 연어 역시 탄력 넘치는
붉은 살을 드러낸 채 두툼하게 썰려있다. 수백 개의 와인이 가게 안을
꽉 메우고 있어 밖에서 살짝 보더라도 보통 맛집이 아닐 것 같은 느낌
이 물씬 풍긴다. 안에 들어가 보니 내 직감이 맞은 건지 아니면 주인장
이 호기로운 사람인지 재미있는 타일 벽화가 눈에 띈다.

"가우디... 미로... 피카소..."
"그래도 꿰멧 앤 꿰멧이 먼저지!"

스페인을 대표하는 가우디, 미로, 피카소보다 '뀌멧 앤 뀌멧'의 타파스가 먼저라고 바르셀로나의 경찰관이 이야기하는 그림에는 뀌멧 앤 뀌멧의 자신감이 여과 없이 투영되어 있다. '얼마나 맛있길래?'라는 생각에 붐비는 가게를 천천히 들여다보기로 했다.

'뀌멧 앤 뀌멧'의 시작은 사장님의 증조부까지 거슬러 올라간다. 그의 증조부는 1914년 이 지역에서 가장 맛좋기로 유명한 와인을 사람들에게 판매하여 유명세를 얻기 시작했다. 가족들은 자연스레 할아버지가 와인을 판매하고 만드는 방법을 보고 배웠고 지금은 손자뻘인 호아킨 페레즈JOAQUIM PÉREZ가 애정을 담아 수년째 타파스 바를 운영하고 있다. 그가 직접 요리를 담당하고 딸이 주문을 받고 있다. 가족이 운영을 해서 그런지 세련된 인테리어라 볼 수는 없지만 들어오는 단골손님의 이름을 부르며 서로의 안부를 묻는 분위기이다.

약 6평 남짓의 작은 가게이지만 천장만큼은 꽤 높다. 유럽 내 와인 생산지 2위의 명성답게 수백 개의 와인 병들이 높은 천장까지 쭈욱 진열되어 있는데 언뜻 보기만 해도 100여개가 넘는 방대한 와인 종류가 보인다. 와인 병 밑에는 투박하게 분필로 숫자가 적혀 있는데 한 잔당 가격이라고 한다. 쉽게 구하기 어려운 와인부터 직접 만든 수제 맥주까지 함께 팔아 인기가 많다. 오늘같이 후덥지근한 날에는 달콤하고 상쾌한 '클라라CLARA'가 딱이다. 클라라는 레몬 맛이 나는 맥주로 상큼하고 시원한 맛이 느껴진다. 맥주와 레몬 환타를 섞거나 맥주, 탄산수, 레몬에이드를 섞는 등 가게마다 조금씩 다른 레시피로 맥주를 만든다. 술을 전혀 못 마시는 사람이라도 '레몬 음료수'같이 벌컥벌컥 마실 수 있는 신

003 & 004　　신선한 재료로 타파스를 만드는 사장님과 한쪽 벽을 차지한 와인병들

비의 맥주이기도 하다. 특히 이곳에서 만든 클라라는 당도가 높고 상큼해 여성들에게 특히 인기가 많다.

'클라라'를 시키고 편히 앉아서 먹고 싶건만 워낙 사람이 많아 자리를 잡기조차 힘들다. 앉아서 먹을 수 있는 자리는 없고 다들 서서 주문을 하고 서서 맥주를 마시고 대화를 나누는 분위기다. 엉거주춤 사람들이 없는 곳에 가서 가방을 내려 놓고 메뉴판을 살펴보았다. 메뉴판은 다행히 영어와 스페인어 각각 비치되어 있었다. 메뉴판에서 '연어 타파스'를 찾자마자 바로 시켰다.

"세뇨리따~! 살몬! 살몬!(아가씨, 연어 연어)"

레스토랑과 같은 장소에서는 이렇게 목청껏 누군가 부르는 게 실례지만 이곳은 사람들이 너무 많아 힘껏 외치지 않으면 타파스 한 조각 먹기조차 힘들다. 목청껏 외치니 바로 주인아저씨가 커다란 투명 냉장고에서 연어 몇 점과 치즈를 꺼내 만들어 주신다. 재료를 아낌없이 듬뿍 듬뿍 넣어 내 주먹만한 제법 큰 크기가 된다. 꿀이 치즈와 연어 사이로 흘러나오고 연어 위에 발사믹 소스가 뿌려져 보기만 해도 먹음직스럽다. 한입 베어물어보았더니 꿀의 달콤함과 치즈의 고소함, 연어의 촉촉함이 어우러져 환상의 조합을 이룬다. 어디서도 맛보지 못한 달콤하고 촉촉한 맛에 먹으면서도 계속 감탄사가 나온다. 이렇게 맛있는 타파스를 달랑 하나만 먹고 집에 돌아가기가 아쉬워 하나 더 주문하기로 했다.

"세뇨르~ 우노 살몬! 살몬! (아저씨, 연어 하나 추가!)"

005   연어 타파스와 클라라

　　연어 타파스를 시키고 보니 아저씨가 만들고 있는 다른 타파스도 맛이 궁금하다. 두툼한 치즈 위에 보슬거리는 캐비어가 올라간 타파스도 있고 육포가 올라간 것도 보인다. 여러 가지 타파스 중에서 통통한 새우가 올라간 게 맛있어 보여 손가락으로 가리키자 아저씨는 알겠다며 한쪽 눈을 '찡긋' 감는다. 새로운 타파스를 만드는 동안 이번엔 홈메이드 맥주까지 한잔 더 시켜보기로 했다.

　　'맥주는 괜히 마셨다가 쓴 거 아닐까? 배만 부를까봐 고민되네...' 걱정했는데 수제 맥주를 한 모금 마신 순간 '웬 걸?' 그렇게 구수할 수가 없다. 맥주를 음미하는 동안 방금 시킨 새우 타파스가 나왔다. 바게트 빵 위에 새빨간 파프리카를 구워 올리고 그 위에 새우와 캐비어가 올라갔다. 새우의 오동통한 식감이 그대로 살아있어 뽀득뽀득한 씹는 맛이 느껴진다. 구운 파프리카까지 더해 담백하다. 수제 맥주는 클라라에 비해 술맛은 더 나지만 타파스와 함께 하니 조합이 잘 이뤄진다. 파프리카와 새우와 이렇게 잘 어울릴 수 있다니!

'뀌멧 뀌멧'의 타파스는 생각지도 못한 다양한 재료를 넣어 독특한 맛을 만들어 내는 경우가 많다. 꿀, 요거트와 연어가 만나거나, 염소 치즈와 육포가 만나는 식이다. 타파스를 보면 '에이, 쉽네. 나도 만들 수 있겠다.'고 생각하기 쉽지만 다른 사람이 만든 것을 그대로 따라 하기는 쉬워도 여러 식재료도 조화로운 맛을 창조하기란 여간 어려운 일이 아니다. 그야말로 도전의 연속인 것이다. 그런 면에서 뀌멧 뀌멧에서 만든 타파스는 쉐프의 노력과 여러 번의 실험의 결과로 만든 게 아닐까 생각해본다. 막상 먹을 땐 너무도 조화로운 타파스의 맛과, 함께하는 와인, 맥주의 청량감이 어우러져 정신을 잃고 후다닥 먹는 즐거움만 느껴졌을 뿐인데 돌이켜 생각하면 하나같이 오랫동안 여운이 남는다. 누군가 바르셀로나로 여행을 간다면 뀌멧 뀌멧에 그려진 벽화처럼 '미로, 가우디, 피카소'를 보기 전에 '뀌멧 뀌멧'을 먼저 들려 타파스 한 접시 먹고 가라는 말을 건네주고 싶다.

~~~~~~~~~~~~~~~~~~~~~~~~~~~~~~~~

뀌멧 앤 뀌멧 QUIMET & QUIMET
FACEBOOK.COM/QUIMETYQUIMET/

위   치   Parallel역에서 맥도날드 방향으로 8분 정도 걷는다. 2번째 골목에서
          Carre de Salva 방향으로 따라가면 찾을 수 있다.

주   소   CARRER DEL POETA CABANYES, 25, 08004 BARCELONA, SPAIN

전화번호   +34 934 42 31 42

영업시간   12:00 ~ 16:00, 19:00~10:30 (토, 일 휴무)

가   격   타파스 (2.5€~3.5€, 앤초비/치즈 3€ 염소치즈/말린 토마토 2.5€
          굴/레드페퍼 3.5€ 연어/꿀/요거트 2.5€)

~~~~~~~~~~~~~~~~~~~~~~~~~~~~~~~~

가성비가 뛰어난 타파스를 즐기자
블라이 9

밤에 특히 핫 하다는 동네는 꼭 '나쁜 남자' 같다. 왠지 모르게 호기심이 생기지만 위험할 것 같은 걱정이 앞서기 때문이다. 특히나 소심하고 겁 많은 여자에겐 '핫 하다는 거리'란 그저 막연히 무서운 거리일 뿐이다. 하지만 산해진미 앞에 장사 없다고 '팬케이크로 만든 타파스 바'가 블라이 거리에 있다는 소리를 듣자마자 거짓말같이 두려움이 수그러들고 눈이 동그레진다. 게다가 2€도 안 되는 가격이라고 하니 한걸음에 달려가 보기로 했다.

사실 스페인은 식재료에 비해 외식 비용이 꽤 비싼 편이다. 친구와 약속을 잡을 때 레스토랑에서 함께 한 끼 식사를 하기엔 서로 부담이 되는 게 사실이다. 그래서 식사 대신 가볍게 타파스 바에서 타파 몇 접시

를 시켜놓고 수다를 떠는 경우가 많다. 타파 한 접시에 단돈 1~2€ 정도니 한 끼 식사가 될 만큼 여러 접시를 먹어도 큰 부담이 없는 셈이다. '핫하다'는 그 거리를 가기에 무서웠지만 내 배와 주머니의 사정을 고려해 친구와 약속을 잡다보니 어느새 '블라이 9' 문 앞에 다다랐다.

타파스 바가 줄지어 늘어선 블라이 거리의 이름을 딴 '블라이 9'은 축제가 열린 것 같다. 축제하면 연상되는 기쁨, 웃음, 왁자지껄함이 뒤섞여 그야말로 정신이 하나도 없다. 2030 청춘남녀들이 모두 모여 걸죽하게 수다를 떨고 있어 내가 그토록 나서기 걱정했던 라발지구가 맞나? 싶을 정도이다. 자리를 잡고 앉아 타파스를 시키려하니 다들 일어서있어 도대체 빈 의자가 어디에 있는지도 모르겠다. 직원은 너무 바빠 도와달라고도 못할 분위기이고 쭈뼛쭈뼛 서성거리다간 아무것도 먹고 마시지 못한 채 집으로 가야할 판이다. 꽤 멀리까지 찾아온 시간과 돈과 정성이 아까워진다. '그냥 집에 갈까?'

집에 가기엔 이미 배는 굶주릴 대로 굶주려 '꼬르륵' 오케스트라가 열린 상태이다. 눈치를 슬슬 보다 저 멀리 바 테이블에 자리가 난 게 보여 큰 남자들 사이를 비집고 하키선수들처럼 몸으로 건장한 사람들을 밀치며 간신히 자리를 맡았다. 힘들게 자리를 맡았지만 너무나 사람이 많아 직원들이 도대체 우리를 쳐다보질 않는다. 맥주 한 잔 마시려고 하염없이 직원이 근처에 오길 바라다가 옆 좌석에 앉은 사람들을 힐끗 보니 앞에 놓인 타파스 접시를 손으로 슥슥 집어와 먹고 있었다. 그 모습에 배가 고파져 맥주 대신 앞에 놓인 타파스부터 하나하나 집어오기 시작했다.

　보통 타파스는 바삭한 바게트 식빵을 기본 베이스로 토핑을 올리지만, 블라이 9은 바게트 대신 부드러운 팬케이크를 베이스로 하는 타파스라 독특하다. 타파스 베이스의 작은 차이로 달콤하면서도 부드러운 타파스를 맛볼 수 있다. 접시와 타파스를 꽂은 꼬챙이까지 앙증맞아 보기에도 깜찍하다. 하나하나 정성스레 만든 타파스는 보기에도 예뻐 먹기 아까울 정도이다.

　눈 앞에 10가지가 넘는 타파스가 펼쳐져있고 그 뒤에선 계속 누군가 열심히 타파스를 만들고 있다. 타파스를 만드는 장면은 투명한 유리 사이로 보이는데 타파스의 종류만큼이나 들어가는 재료와 소스가 수십여 가지나 된다. 튀김요리인 크로켓이나 치즈도 여러 종류 준비되어 있어 타파스 전시관을 보는 것 같다. 타파스 2~3 접시를 먹으며 타파스 만드는 장면을 사진 찍고 있는데 드디어 직원이 찾아온다.

　"와인 두 잔 주세요! 타파스들이 참 예쁘네요! 맛도 있어요!"

"여기 타파스 찍으면 저한테 5€ 내야 하는데......아가씨들! 농담인거
알죠? 하하!"

　황당한 직원의 농담에 뭐라고 대답을 해야 할지 몰라 눈만 동그랗게
뜨고 있는데 다시 직원은 다른 테이블로 가서 싱거운 농담을 건네며 사
람들과 대화를 즐긴다. 늘 진지하게만 살아와 작은 농담에도 어찌할 줄
모르는 나와는 달리 사람들은 맥주 한모금과 타파스를 먹으며 그저 쉴
새 없이 웃고 즐기고 있다. 그 유쾌한 분위기에 흠뻑 취해 나도 모르는
사이 벌써 타파스 8접시가 차곡차곡 쌓이고 있다. 다 먹지도 않았는데
접시를 금세 치우는 모습을 보고 '나중에 계산할 때 하나만 먹었다고 해
도 되겠다!'라는 얌체 같은 생각을 하던 찰나 앞 표지판이 눈에 보인다.

　먹을 땐 예쁘고 귀여워 별 생각 없이 맛있게 먹었지만 표지판을 보니
꼬치별로 가격이 모두 다르다고 적혀있다. 장식이 있으면 1.5유로이고
장식이 없는 일반 꼬치는 1유로 정도이다. 나중에 이 꼬챙이들만 보고
몇 개를 먹었는지 확인하고 계산을 하는 형태였던 것이다. 내 눈앞에 돌

아다니는 꼬챙이들을 보니 식사 값 아끼려고 타파스 바에 갔다가 식사 값 이상으로 탈탈 털릴 것 같다.

타파스가 제공하는 즐거움과 쿵쾅거리는 음악의 즐거움, 사람들과의 유쾌한 대화 속의 즐거움에 내 지갑은 가벼워졌지만 아무렴 어쩌랴. 모든 복잡한 생각을 다 뒤로 하고 머고 마시며 웃는 이 순간 내가 행복하면 그만인 것을! 오늘만큼은 나도 라발지구에서 히피들과 예술가들 사이에서 자유롭게 웃고 마시고 떠들면서 모든 복잡한 생각을 뒤로 하고 즐거운 마음과 생각들만 가득하고 싶다. 원없이 즐겁고, 한없이 웃고 싶을 때면 블라이 9의 시원한 맥주와 타파스, 그 분위기가 생각난다.

블라이 9 BLAI 9
WWW.BLAI9.COM

위   치   Parallel 역에서 맥도날드 방향으로 8분 정도 걷는다. 2번째 골목에서 Carre de Salva 방향으로 따라가면 찾을 수 있다.

주   소   CARRER DE BLAI, 9, 08004 BARCELONA, SPAIN

전화번호   +34 933 29 73 65

영업시간   16:00 ~ 24:00 (금, 토요일은 새벽 1시까지)

가   격   와인 한 잔 2€, 상그리아 한 잔 3.8€, 카바 2.3€, 타파스(꼬챙이에 따라 가격이 달라짐) 1.2~1.7€

핀쵸스를 전문적으로 맛볼 수 있는
핀쵸 제이

"Life is short, Break the rules(인생은 짧아, 형식은 집어쳐)"

이보다 더 핀쵸 제이를 잘 설명해주는 문구가 있을까? 노래 가사 같은 이 한 줄은 핀쵸 제이에 들어가는 입구에 있는 한 마디이다. 거리엔 꼬깃꼬깃 휴지 조각이 아무데나 널부려져 있고 세련된 건물을 찾아보기 어렵지만 개성 넘치는 타파스로 언제나 인산인해를 이룬다. 짧은 인생을 살기에 피곤하고 고달픈 시간은 흘려보내고 대신 형형색깔의 아름다운 핀쵸스와 시원한 와인을 보여주며 사람들을 보란 듯이 유혹하고 있다.

001   핀쵸제이의 외부 모습

　핀쵸스는 바게트 빵 위에 토마토, 하몽, 피망, 해산물을 올려놓고 꼬챙이로 고정한 타파스를 말한다. 빵 위에 올리는 재료에 따라 만들 수 있는 핀쵸스가 무궁무진하다. 만들기도 간편하고 먹을 때도 나이프나 포크 없이도 가볍게 먹을 수 있어 대중적인 타파스 중 하나이다. '핀쵸제이'는 여러 가지 타파스 중 핀쵸스만 전문적으로 파는 가게이다. 안에 들어가면 2단으로 되어있는 테이블에 핀쵸스가 가득 놓여있어 보기만 해도 기분이 좋아진다. 사람들은 핀쵸스가 있는 테이블 근처에 앉아 하나씩 타파스를 먹으며 맛을 탐한다. 30가지가 넘는 핀쵸스가 펼쳐져 있어 고르는 행복도 있지만 무엇보다 이 타파스 바는 꽤 오랜 시간 영업을 하여 언제가도 타파스를 즐길 수 있다는 기쁨을 안겨 준다.

스페인 사람들은 보통 저녁 식사를 밤 9시부터 먹는 경우가 많다. 한국에서 저녁 약속을 잡을 때면 이른 저녁인 6시 정도 만나 약 7시 정도에 저녁식사를 함께 하는 경우가 많다. 하지만 스페인 친구들에게 저녁 7시에 식사를 하자고 하면 다들 놀라는 분위기이다. 그보다 더 늦은 시간인 저녁 9시 정도에 만나 식사를 하는 것이 일반적이라고 생각한다. 그래서 타파스 바나 레스토랑 모두 아예 저녁 시간대에 문을 여는 경우도 꽤 많다. 당연히 타파스 바가 많은 블라이 거리도 저녁 9시는 되어야 진정 화려한 거리 풍경을 볼 수 있다. 반대로 이른 오전이나 오후 시간대에는 문을 연 타파스 바가 적은 편이다. 관광객들이 많은 곳은 그나마 덜하지만 현지인들이 자주 찾는 거리에서는 가려던 가게가 열지 않은 경우도 종종 있다. 다행히 핀쵸 제이는 오전에도 문을 열어놔 언제든 타파스를 먹고 싶은 사람이라면 가볍게 들를 수 있어 가벼운 식사를 하러 잠깐 들리는 동네 사람들이 많다.

오전에 가도, 밤늦게 가도 바깥 테라스까지 자리가 찰 정도로 핀쵸 제이는 사람들로 붐빈다. 이미 꼬챙이에 타파스가 꽂혀있어 나이프나 포크 없이 꼬치만 들고 먹는 사람들이 많다. 저마다 독특한 재료들로 타파스를 만들어 몇 개를 먹어도 맛이 모두 제각각이다. 스페인은 한국의 다섯 배 정도의 넓은 땅에 이글거리는 햇볕이 내리쬐는 곳이라 농산물이 무궁무진하다. 바다와 맞닿아 수산물도 다양하고 가격도 싼 편이다. 재료 하나하나가 신선해 간을 조금만 맞춰 꼬치에 꽂기만 해도 충분히 맛을 만들 수 있다. 그래서 요즘엔 타파스 바들이 경쟁력을 갖기 위해 다들 독창적인 상상력과 실험을 통해 타파스를 개발하고 있다. 같은 재료라 할지라도 어떻게 타파스의 색감을 화려하게 맞출지, 쌓을 땐 어떻

002　핀쵸제이의 먹음직스런 타파스

게 예쁘게 쌓을지에 대해 끊임없이 공부를 한다. 그래서 그런지 핀쵸 제이의 타파스들은 먹는 음식에 더해 하나의 예술 작품을 보는 것만 같다.

　타파스 바를 돌아다니며 하나씩 타파스를 맛보는 경우(타파스 바 호핑)도 많지만 워낙 타파스 종류가 많아 '핀쵸 제이'에서 만큼은 한곳에 정착해 느긋하게 타파스를 즐기게 된다. 바게트 빵 위에 두툼한 치즈와 슬라이스 한 토마토를 올린 타파스로 상큼하고 고소한 맛을 한꺼번에 느끼기도 하고 토마토 소스를 바른 바게트 빵 위에 이베리코 햄과 잘 익은 멜론을 꼬치로 꽂아 놓은 타파스를 맛보며 의외의 궁합에 놀라게 된다. 매번 주문할 때마다 짧은 스페인어 때문에 마음을 졸이지만 언어에 자신이 없어도 보이는 그대로 가져다 먹을 수 있어 메뉴 선택에 자신감이 생긴다. 게다가 적은 돈으로 다양한 음식을 맛볼 수 있어 여행객에 겐 이보다 더 큰 행복이 없다.

먹으면서 주변을 둘러보니 나이도 제각각이고 성별도, 인종도 모두 다르다. 이 모든 사람들이 타파스를 즐기는 이유는 자신이 직접 원하는 것을 선택할 수 있는 자유와 먹는데서 오는 기쁨, 타파스의 아름다움이 아닐까 생각해본다. 타파스를 먹으며 다시 한 번 핀쵸 제이 앞에 써 있 는 문구를 떠올리며 마지막 남은 타파스를 집어 들었다.

'인생은 짧아, 다이어트는 집어치고 내가 원하는 음식, 행복하기 위 해 살아야지.'

핀쵸 제이 PINCHO J
FACEBOOK.COM/PINCHOJ/

위　치　Parallel 역에서 맥도날드 방향으로 8분 정도 걷는다. Carrer de Tapioles 방향으로 5분 정도 걸으면 찾을 수 있다.

주　소　08004, CARRER DE BLAI, 26, 08004 BARCELONA, SPAIN

전화번호　+34 936 67 50 65

영업시간　12:00 ~ 24:30 (금, 토요일은 새벽 1시 30분까지)

가　격　핀쵸스 1~1.5€, 상그리아 1리터 : 9.5€

타파스와 어울리는 음료

타파스를 먹을 때 잘 어울리는 음료를 곁들여 먹는다면 더욱 맛있게 타파스를 즐길 수 있다. 타파스의 종류만큼이나 어울리는 음료도 다양한데 대표적으로 맥주, 클라라, 상그리아, 모히또 등이 타파스와 함께 즐기기 좋다. 타파스 가게처럼, 자신만의 제조 방법으로 독창적인 음료를 만들어 판매하는 가게도 많다. 어떤 곳은 과일 함유량을 높여 과일 주스만큼 달게 만드는 곳도 있고 알코올 함유량을 높여 술 본연의 맛을 강하게 만드는 경우도 있으니 취향대로 음료를 선택해보자.

01 맥주 CERVEZA

바르셀로나를 대표하는 맥주는 '에스뜨레야 담'과 '모리츠'가 있다. 에스뜨레야 담은 순하고 부드러운 맥주로 이름나 있다. 모리츠는 시원한 청량감으로 인기 있는 맥주다. 프랑스 출신의 '모리츠 트라우트만MORITZ TRAUTMANN'이라는 사람이 만든 브랜드인데, 바르셀로나에 공장 견학 투어가 있을 정도로 인기가 많다. '산미겔' 맥주도 스페인 여행 중에 제법 많이 보인다. 한때 스페인이 필리핀을 식민 통치하였을때 필리핀에 생산 거점이 있어서 '필리핀 맥주'라는 별명을 지니기도 하였다. 시원한 맥주 한잔은 타파스와 제법 잘 어울리니 꼭 함께 곁들여 먹어보자.

02 클라라 CLARA

레몬 맥주를 클라라라고 한다. 과일 맛이 상큼해 술을 좋아하지 않는 사람이라도 가볍게 즐길 수 있는 맥주이다. 클라라는 '깨끗한 맥주'라는 뜻을 갖고 있는데 레몬의 상큼한 과일향이 타파스의 느끼한 맛을 잡아준다. 도수도 높지 않아 타파스 가게 어디를 가도 클라라를 팔 만큼 대중적인 맥주이다.

03 상그리아 SANGRIA

스페인은 전 세계 2위의 포도 생산지이자 세계 최대의 와인 생산지이다. 화이트 와인과 레드 와인 시장을 주름잡고 있어 취향에 따라 다양한 와인을 즐길 수 있다. 상그리아는 레드 와인에 오렌지, 포도, 블루베리 등의 여러 과일을 넣어 만든 술이다. 알코올 함유량이 높지 않고 과일의 잔향이 오랫동안 남아 스페인에서 사랑받고 있는 음료이다.

04 카바 CAVA

바르셀로나가 위치하고 있는 카탈루냐 주(州)에는 스파클링 와인, 일명 카바가 유명하다. 인공 탄산가스를 넣는 것이 아니라 자연스럽게 탄산이 생기도록 발효를 한 와인이다. 제작 공정이 다른 와인에 비해 꽤 까다롭고 복잡하지만, 카탈루냐 주에서는 전통적으로 품질 좋은 스파클링 와인을 생산해 카바를 이 지역의 대표 와인으로 내세울 수 있게 되었다. 달콤하면서 톡 쏘는 맛이 좋아 느끼한 튀김 요리와 잘 어울린다.

여러 가지 다양한 타파스를 즐길 수 있는 곳
타파스 체인점

'요리'라는 테마가 눈가 입을 가장 즉각적으로 행복하게 만들어 준다면 '타파스 여행'은 여행자가 즐길 수 있는 즐거운 유희가 아닐까? 하지만 고기도 씹어본 사람이 안다고 어떤 타파스를 먹어야 할지도 모르는데 마냥 즐길 수도 없는 노릇이다. 현지인들만 간다는 허름한 타파스 바를 처음부터 찾아가기 부담스럽다면 가격대는 다소 비싼 편이지만 깔끔하고 의사소통이 잘되는 타파스 체인점에 들러 즐기는 것을 추천한다.

01 타파타파　TAPATAPA

'타파타파'는 스페인의 대중적인 타파스 바이다. 약 50여 가지의 대표적인 스페인 타파스를 맛볼 수 있다. 타파스 종류가 워낙 많아 '튀김 타파스'만 전문적으로 파는 곳, '하몽 요리'만 전문적으로 파는 곳처럼 세분화가 된 곳이 많은 편인데, '타파타파'는 타파스의 종류와 상관없이 가장 인기 많고 대중적인 타파스를 위주로 판매한다. 스페인 타파스가 어떤 것이 있는지 궁금할 때 들리면 좋은 곳이다. 메뉴판 한 가득 타파스 사진이 실려 있어 스페인어를 전혀 모르더라도 사진을 보고 쉽게 주문할 수 있다. 일부 타파스 가게에서는 빠에야를 2인분 이상만 판매하는 경우가 있는데 프랜차이즈는 1인용 타파스도 맛볼 수 있다. 가격대는 꽤 비싼 편이지만 의사소통이 잘 되고 타파스 종류가 다양해 인기가 많다.

02 챠펠라　TXAPELA

'타파타파'가 다양한 종류의 스페인 타파스를 선보인다면 '챠펠라'는 '핀쵸스'를 위주로 파는 타파스 체인점이다. 핀쵸스는 꼬챙이로 치즈, 올리브, 해산물, 피망 등 각종 야채를 꽂아 만든 타파스로 타파스 중에서도 가장 인기가 많다. 챠펠라에서는 50가지 이상의 핀쵸스를 맛볼 수 있는데 식재료를 재해석하여 만든 요리에 놀라울 때가 많다. 방울토마토를 받침대로 삼아 각종 양념과 새우를 넣어 만든 핀쵸스부터 평범하게 바게트 빵에 연어알과 치즈를 넣어 만든 핀쵸스까지 종류가 다양하다. 시스템이 잘 갖춰진 타파스 바답게 단체 손님을 위한 메뉴, 테이크아웃 메뉴 등 목적에 맞춰 주문을 할 수 있도록 메뉴가 구성되어 있다.

03 까사 로라 CASA LOLA

정열적인 스페인 여자의 얼굴 로고가 새겨진 '까사 로라'는 체인점마다 독특한 컨셉으로 스페인의 이미지를 반영하고 있다. 해산물, 육류, 올리브 등 식재료에 따라 타파스 메뉴를 묶어놓아 관광객도 비교적 쉽게 주문을 할 수 있다. 축구 경기를 단체로 관람하거나 플라멩코 공연 등의 이벤트를 종종 열어 활기찬 분위기 속에서 타파스를 즐길 수 있다.

~

세비야
SEVILLA

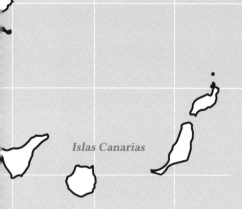

수년 전 내가 좋아하는 한국의 한 배우가 정열적인 빨간 드레스를 입고 격정적인 플라멩코를 추던 CF가 기억난다. 광활한 광장에서 강렬한 드레스를 입고 격정적인 춤을 추는 모습에 매료되었었다. 격정적이고 뜨거운 사랑을 그린 오페라도 떠오른다. '카르멘'이라는 이름을 가진 강인하면서 뜨거운 성격을 가진 여주인공은 오로지 사랑을 추구하는 인물이다. CF와 오페라는 '세비야'라는 도시를 배경으로 한다. 이 서로 다른 두 콘텐츠가 나에게 비슷한 감정을 느끼게 하는 것은, 아마도 '세비야'라는 도시가 주는 '정열'이라는 키워드 때문이지 않을까 생각해본다.

세비야는 플라멩코, 투우 등 안달루시아를 대표하는 문화유산이 자리 잡고 있으며, 누군가는 '가장 스페인다운 도시'라고 표현할 만큼 스페인하면 떠오르는 이미지를 많이 가진 도시이다. 애잔함을 표현하는 플라멩코의 도시답게 어디를 가도 낭만이 함께 한다. 스페인 남부 특유의 솔직한 감정 표현, 밤이 되면 더욱 화려해지는 옛 건축물, 오렌지 나무까지 매력이다. 옛 거리를 훼손하지 않고 투박한 돌길을 그대로 유지하고 있어 마차를 타고 한 바퀴 돌아보면 시간을 거슬러 올라가 중세시대에 온 것만 같다.

도시는 낯설지만 묘한 분위기가 느껴진다. 아랍 문화와 가톨릭 문화가 뒤섞인 기하학적이고 정교한 건축 양식이 보이다가도, 다른 건축물을 보면 웅장하면서 섬세한 곡선형의 묘사가 아름답다. 하나의 도시 안에 다양한 문화가 한데 섞여있지만, 전혀 어색하지 않은, 새로운 멋을 만들고 있다.

오늘날까지 많은 사람들이 이곳에서만 경험할 수 있는 낭만과 열정을 찾으러 스페인의 남부 지방 '안달루시아' 지역의 주(州)도인 세비야로 온다.

/ 세비야의 이름은 왜 세비야일까?

유럽의 대다수 국가가 그렇듯 스페인 역시 기원전 218년에서 409년경 고대 로마 제국의 통치를 받았다. 로마인들 입장에서 스페인은 유럽의 끝에 붙어있는 지역이라 '멀고 숨겨진 곳'이라는 의미로 히스파니아HISPANIA라는 라틴어 이름을 붙였다. 이 이름이 시간이 지나 변형되면서 에스파냐ESPANA라고 바뀌게 되었다. 여러 도시의 이름 역시 로마 시대부터 유래된 것이 많다. 예를 들어 '사라고사ZARAGOZA'라는 곳은 카이사르의 이름을 따서 지었고 세비야 역시 라틴어 히스빠리아HISPALIA라는 이름에서 출발하였다. 이후 이슬람 세력들이 이 지역을 통치하면서 무슬림들은 이곳을 이쉬빌리아(시장이 열리는 곳)라고 부르던 것이 오늘날 세비야로 바뀌게 된 것이다. 이렇게 스페인의 여러 도시의 이름을 살펴보면 도시 이름 안에 고대 로마 시대 때 통치 받은 흔적, 이슬람 세력에 통치 받은 역사가 고스란히 담겨 있다.

세비야에서 즐기는
정열의 여행 5가지

01 마차 타고 한 바퀴

　세비야 대성당 앞에서 마차를 탈 수 있다. 마차를 타고 세비야 구 도심지를 한 바퀴 돌다보면 마치 중세시대 속 한 장면을 직접 체험하는 것 같다.

02 플라멩코 즐기기

　세비야는 플라멩코의 도시이다. 플라멩코 박물관부터 패션 박람회까지 세비야 앞에는 언제나 플라멩코라는 수식어가 따라 다닌다. 예술의 도시 바르셀로나, 수도 마드리드에서도 플라멩코를 볼 수 있지만 플라멩코의 본거지는 세비야이다. 전통 플라멩코를 만나보고 싶다면 세비야에서 감상해보자.

03 군것질 탐방하기

아랍 문화와 가톨릭 문화가 융합된 도시답게 음식 문화도 다른 도시와 다르다. 오직 세비야에서만 맛볼 수 있는 과자들도 많이 있으니 군것질을 사랑하는 사람이라면 이 기회를 놓치지 말고 군것질 여행을 떠나보자.

04 구 도시 건축 기행하기

이슬람과 가톨릭 문화가 어우러진 세비야는 건축물이 아름답기로 유명하다. 이슬람 지배의 흔적을 찾아볼 수 있는 알카사르와 어마어마한 규모의 세비야 대성당, 에스파냐 광장까지 입이 떡 벌어질 정도로 예술적 가치가 높은 건축물이 즐비하다.

05 반짝반짝 빛나는 야경 감상하기

세비야를 유유히 흐르는 '과달키비르 강'은 연인들의 성지이다. 강가 주변으로 은은한 카페 조명이 반짝반짝 아름답게 빛난다. 히랄다 탑과 대성당 역시 낮과는 또 다른 멋을 자랑한다. 은은한 노란빛 불빛이 웅장한 성당과 탑을 밝혀 세비야의 낭만을 더한다.

INFO

세비야로 떠나볼까?

세비야 공항에서 시내로 가는 방법

✔ 버스 이용하기

세비야 산 파블로 공항AEROPUERTO SAN PABLO에서 도시 중심가까지 약 13km 정도 떨어져 있다. 공항버스를 타고 35분 정도 소요된다.

+ 운행시간 : 05:20~00:54
+ 비용 : 4€(버스 운전자에게 직접 전달한다)

세비야 중앙역(산타 후스타 역)에서 시내로 가는 방법

세계적인 관광지답게 바르셀로나, 그라나다, 마드리드 등 스페인 전역에서 세비야를 갈 수 있다. 스페인 중앙역에 내리면 택시, 버스, 트램을 탈 수 있는 안내 표지판이 있다.

- 버스 C1을 타거나 매트로 센트로를 타면 구 도심지에 갈 수 있다.

세비야 버스 터미널에서 시내로 가는 방법

스페인은 도시와 도시를 연결하는 버스 노선이 잘 되어 있는 편이다. 유럽을 연결하는 스페인의 대표적인 시외버스사인 '알사ALSA'에서 운영하는 버스가 저렴한 가격으로 도시들을 연결한다.

바르셀로나, 발렌시아 등 5시간 이상 걸리는 먼 거리에서 출발하여 세비야로 건너오는 버스들이 내리는 터미널은 '플라사 데 아르마스 터미널ESTACION DE AUTOBUSES PLAZA DE ARMAS'이다. 시내버스 C4번을 타면 터미널에서 시내로 나갈 수 있다.

말라가, 코르도바 등 안달루시아 지방의 여러 도시들과도 연결되어 있어 버스를 타고 쉽게 세비야로 이동 가능하다. 세비야와 비교적 가까운 안달루시아 지방의 크고 작은 도시들을 연결하는 버스가 서는 곳은 '프라도 데 산 세바스티안 터미널ESTACION DE AUTOBUSES PRADO DE SAN SEBASTIAN'이다. 구 도심까지 도보로 15분 소요된다. 매트로 센트로를 이용하고 싶다면 T1선을 타고 프라도 데 산 세바스티안 역에서 내리면 된다.

세비야 내에서 이동하기

안달루시아 주요 도시답게 시내 교통도 잘 발달되어 있다. 도시 내 도보, 버스, 매트로 등을 이용할 수 있는데, 관광객들은 주로 구 도심지만 둘러보는 경우가 많아 도보로도 충분히 관광지를 둘러볼 수 있다. 교통 패스를 구입하는 것보다 필요할 때 1회씩 구입하는 것을 추천한다. 구 도심지에서 마차를 타고 도심지를 한 바퀴 도는 코스도 관광객들에게 큰 사랑을 받고 있다.

✔ **교통수단 비용 (버스, 도보, 매트로 모두 포함)**

• 1회권 : 1.4€
• 1일권 : 5€
• 3일권 : 10€

　타파스 & 카페 맛있는 스페인에 가자

세비야 볼거리

01 세비야 대성당

이슬람 사원이 있던 자리를 허물고 가톨릭 신자들이 세운 성당이다. 스페인에서 가장 규모가 크고 유럽에서 세 번째로 큰 성당으로 유명하다. 고야, 발데스 레아 등 스페인의 유명 화가가 그린 작품들은 물론 콜럼버스의 유골까지 있어 역사적으로 의미가 있다.

02 히랄다 탑

대성당 바로 옆에 붙어있는 히랄다 탑은 높이가 98m나 돼 멀리서도 쉽게 찾을 수 있다. 밤이 되면 오렌지 빛이 감도는 조명이 켜져 더욱 낭만적인 분위기가 연출된다. 이곳 역시 대성당처럼 이슬람이 지배하던 시기 모스크가 있었던 곳인데 가톨릭 세력이 지배하면서 모스크를 없애고 지금의 탑이 세워졌다.

03 스페인 광장

국내 CF에서도 몇 번 이 장소를 배경으로 해 한국인들에게 다소 친숙한 광장이다. 1929년 '이베로 아메리칸 박람회'를 위해 만들어진 광장으로 웅장하고 화려한 모자이크 타일 장식을 살펴볼 수 있다. 구 도심지에 왔다면 꼭 들러야 하는 여행지 중 하나이다.

04 플라멩코 박물관

플라멩코와 관련된 자료가 풍부한 박물관이다. 세비야의 유명 플라멩코 무용수인 '크리스티나 오요스CHRISTINA HOYOS'가 만든 박물관으로 풍부한 영상 자료와 실제 사용하는 옷, 신발이 그대로 비치되어 있다.

05 메트로폴 파라솔

세비야의 복합 문화 공간으로 다양한 이벤트가 열린다. 원래 이 자리에 재래시장이 있었는데 현대식으로 해석하여 재건축하였다. 크리스마스 시기에는 이 장소에서 '크리스마스 마켓'도 열린다.

06 황금의 탑

세비야를 가로지르는 '과달키비르 강'을 바라보는 정이십각형의 작은 탑이다. 이슬람교도들이 세운 탑으로 예전에는 탑 꼭대기가 황금으로 꾸며져 있었기 때문에 '황금의 탑'이라고 부른다.

스페인의 전통 과자 전문점
라 캄파나

001   라캄파나의 외부 모습

스페인을 여행하면 할수록 이 사람들은 '전통'의 가치를 중요하게 생각한다는 사실이 느껴진다. '전통'이라는 단어에 엊그제 세비야에서 열린 작은 벼룩시장이 떠올랐다. 어떤 턱수염이 길게 난 아저씨가 조그마한 좌판을 펴놓고 접시와 컵을 팔고 있었다. 접시에는 정교하게 꽃과 아이들이 그려져 있는데 마음에 들어 뒷면을 뒤집어 보니 무려 50년도 훨씬 전에 만들어진 것이었다.

"와! 접시가 오래되었는데 관리가 잘 되었네요?"
"당연하죠! 돌아가신 우리 어머니가 시집오실 때 장만하신 그릇인 걸요!"

어머니의 유품을 파는 것도 놀라웠고 오래된 물건이 관리가 잘 된 사실도 놀라웠다. 이 이야기를 들은 내 옆 사람은 갑자기 그릇에 관심을 가지며 자신이 사겠다고 이야기한다. 남이 쓰던 것을, 그것도 유품을 사겠다는 생각이 놀라웠지만 물건 안에 담긴 사람의 손길에 관심을 기울이는 것도 뜻밖이었다. 나 같으면 백화점의 깨끗이 포장된 새 상품이 더 멋지고 근사해 보였을 텐데 이 사람들은 말끔한 새 제품보다 따뜻한 손으로 오랫동안 온기를 주고받은 물건들에 더 가치를 두고 있었다. 비단 그릇 뿐만이 아니라 건축물, 옷, 음식까지도 오랜 전통의 가치를 중요하게 여긴다. '라 캄파나'는 전통을 중요하게 생각하는 세비야에서 수백 년째 과자로 '전통성'을 고수하고 있는 과자집이다. 1885년에 개업하여 지금까지 옛날부터 전해져 내려오는 레시피로 과자를 만드는 것으로 이름이 나있다.

스페인은 유럽에서 3번째로 큰 면적을 지닌 나라답게 동서남북 어느 위치에 거주하느냐에 따라 언어, 축제, 음식 문화가 조금씩 다르다. 과자나 디저트도 마찬가지다. 세비야가 속해있는 안달루시아 지방에서만 맛볼 수 있는 고유한 과자들이 있는데 라 캄파나는 과자와 디저트로만 몇 백 년의 명성을 이어 안달루시아 지방색이 묻어있는 과자를 만들고 있다.

'노른자'라는 뜻을 지닌 '예마스'는 수년간 이 가게의 대표 메뉴이다. 한입 베어 물면 그 안에 이름 그대로 노른자가 가득 들어있어 하나만 먹어도 배가 든든하다. 이걸 먹고 있으면 어렸을 적 한겨울에 종종 즐겨 먹었던 계란빵이 떠오른다. 1000원 정도만 내면 안에 두툼한 노른자가 가득 들어 있는 계란빵을 한 개 사먹을 수 있었는데, 이걸로 한 끼 식사를 뚝딱 해결하곤 했다. '예마스' 역시 옛날 전쟁이 났을 때나 기근이 들었을 때 사람들의 굶주림을 달래주는 간식이었다고 한다. 어떤 수도원에서 계란의 흰자만 사용하고 노른자와 계란 껍데기는 그대로 쓰레기통에 버렸는데 그게 아까워 수도원 근처 서민들이 노른자를 따로 받아

만든 빵이 '예마스'라는 이야기도 있다. 예마스의 유래에는 여러 이야기가 있지만 공통점은 그저 간식이라기에는 무척 서민적이면서 끼니 대용이 될 만큼 알찬 빵이라는 점이다.

아몬드 가루로 만든 '폴보론' 역시 '라 캄파나'의 인기 과자다. 아주 달거나 폭신폭신한 식감과는 거리가 멀다. 그동안 자극적이고 달콤한 맛에 익숙해진 입맛이라면 '폴보론'의 밋밋한 맛이 어색할 수 있다. 하지만 담백한 맛에 오랫동안 질리지 않고 먹을 수 있어 꾸준히 손이 가는 과자이다. 과자의 식감은 푸석푸석한 편이라 한입만 깨물어도 입안에서 과자가 부스러지는 것이 느껴진다.

이 외에도 크리스마스 시즌에는 15가지 이상의 젤리와 디저트를 판

매한다. 꿀과 설탕에 푹 담근 오렌지 간식은 보기만 해도 새콤함과 달콤함이 동시에 느껴진다. 하나만 먹어도 즉각적으로 기분이 좋아져 손에 찐득찐득한 것이 묻을 것을 각오하고 주문해본다. 일하는 직원은 꿀에 절인 오렌지를 저울에 달아 주는데 계산이 끝나자마자 바로 과자는 입으로 들어가 소리 소문 없이 사라져버린다.

워낙 사람들이 많이 찾아와 테이크아웃으로 구입할 사람들과 안에 들어와 먹을 사람들을 나눠서 주문을 받고 있다. 테이크아웃으로 구입할 사람들은 번호표를 따로 뽑아 순서가 되면 원하는 디저트를 구입한다. 안에 들어와 먹는 사람들은 들어와 자리를 잡으면 직원이 주문을 받으러 온다. 하지만 워낙 사람이 많아 직원과 눈을 마주쳐 주문하기도 어렵고 시간도 꽤 많이 소요된다. 이곳에서만 구입할 수 있다는 특별함

때문인지 선물 포장도 종류가 많다. 두꺼운 박스 포장부터 소박한 포장
지로 둘둘 감아 투박하게 포장하는 것까지 다양하다.

 전 세계 어디를 가더라도 수백 년 동안 한결같은 맛을 유지하는 곳
을 찾기가 쉽지 않다. 세상이 빠르게 변하는 속도만큼 사람들의 생각과
문화, 입맛까지 변한다. '라 캄파나'는 까다로운 사람들의 입맛을 충족
시키면서도 안달루시아의 맛을 유지하고 있다. 세비야의 전통 과자, 이
지방에서만 맛볼 수 있는 특별한 맛을 느껴보고 싶다면 이곳을 찾아보
길 추천한다. 할머니들이나 먹는 거라고 멀리했던 과자가 향수를 불러
일으키는 과자가 되어 오늘도 수많은 사람들이 발 디딜 틈 없이 '라 캄
파나'로 몰려오고 있다. 가게가 시작하는 7시경 이른 오전 시간이나 거

의 끝나갈 무렵은 여유롭게 과자를 둘러볼 수 있으니 시간대를 잘 맞춰 찾아가는 것을 추천한다. 오랜 역사를 품은 과자 몇 개를 한 손에 쥐어 먹으면서 세비야의 아름다운 건축물을 감상한다면 작지만 분명 확실한 행복을 느낄 수 있을 것이다.

라 캄파나 LA CAMPANA

CONFITERIALACAMPANA.COM/

#위 치 세비야 대성당에서 히랄다탑 방향으로 5분 정도 걸어간다.
     Calle Hernando colon 거리 방향으로 직진하여 Calle Sierpes
     거리가 나올때까지 직진한다. 걸어서 약 10분 정도 거리이다.

#주 소 CALLE SIERPES, 1-3, 41004 SEVILLA, SPAIN

#전화번호 +34 954 22 35 70

#영업시간 08:30~22:00

#가 격 뚜론 2.5€, 비스킷(Tortas aceite) 1.3€, 초콜릿파이 1.95€,
     전통과자 1.5~2.5€

세비야에서 꼭 먹어야 할 과자들

전 세계 어디를 가도 그 지역의 '베이커리'는 항상 들르게 된다. 그 지역만의 독특한 빵을 구경하는 것도 재미있고 무엇보다 맛있는 음식은 사람을 가장 즉각적으로 행복하게 만들기 때문이다. 스페인에 가서도 예외 없이 어느 도시에서든 베이커리는 꼭 들리곤 했다. 그런데 맛있기로 유명한 베이커리는 쉽게 찾을 수 있었지만 정작 '빵과 디저트'에 대한 정보는 턱없이 부족했다. 유명하다는 베이커리에 가도 정작 무엇을 먹어야 할지, 어떤 것이 맛있는지 선택에 어려움을 겪었다. 결국 일일이 하나하나 사먹으며 이 지역에서만 맛볼 수 있는 특별한 빵과 과자들을 섭렵하기 시작했다.

01 예마스 YEMAS

세비야의 전통 과자집이나 베이커리를 가면 산 모양으로 만든 과자를 볼 수 있다. 겉으로 봐서는 폭신한 케이크 같지만 한입 베어 물면 그 안에 계란 노른자가 꽉 차 있다. 익힌 계란 노른자와 설탕으로 만든 과자로 고단백질이라 몇 개만 먹으면 금방 배가 부르다. 예마스 중에서도 세비야 주에 있는 레안드로 수도원에서 만드는 예마스 산 레안드로가 인기가 많다. 담백한 맛이 나는 세비야의 전통 과자로 수백 년 동안 큰 사랑을 받고 있다.

02 폴보론 POLVORON

아몬드 가루로 만든 검지만한 과자이다. 부스러지기 쉬워 잘못 먹으면 옷에 온통 과자가루가 묻을 수 있다. 단맛이 거의 나지 않아 이 과자를 선물로 친구들에게 주면 호불호가 갈린다. 하지만 커피랑 같이 먹으면 아몬드의 담백한 맛이 제대로 느껴진다. 단 음식을 좋아하는 사람이라면 다소 텁텁하다고 느낄 수 있지만 담백한 맛을 좋아하는 사람이라면 추천한다.

03 오할드리나 HOJALDRINA

촉촉한 식감의, 오렌지의 상큼한 맛이 그대로 느껴지는 과자이다. 한입 크기의 작은 빵인데도 오렌지 향이 옆 사람에까지 느껴질 정도로 멀리 퍼져 나온다. 달콤한 맛으로 디저트로 인기가 많은 편이다. 세비야뿐만 아니라 안달루시아 지역의 전통 과자집이라면 어디에서든 쉽게 찾아볼 수 있는 대중적인 과자이다.

04 페스티뇨 PESTIÑOS

페스티뇨는 달달하니 추운 날 커피랑 먹으면 고단함이 싹 풀리는 마법의 과자이다. 밀가루 반죽을 올리브 오일에 튀겨 꿀을 발라 먹는다. 과자에 계피, 깨, 정향을 함께 넣어 담백한 맛도 함께 느낄 수 있는데, 달콤하면서 쫀득쫀득한 식감이 우리나라의 약과를 연상시킨다. 크리스마스 시즌에는 특히 안달루시아 전 지역에 페스티뇨를 쌓아놓고 판매하는 베이커리가 많다. 약 10세기부터 전해져 내려오는 전통과자이기 때문에 사람마다 가게마다 레시피도 다 다르다. 각자 꽈배기 모양으로 만들기도 하고 납작하게 만들기도 하고 가게마다 맛도 크기도 모양도 달라 어느 도시를 가도 서로 다른 맛을 느낄 수 있다.

05 토시노 데 씨엘로 TOCINO DE CIELO

보이는 그대로 달콤하고 말랑말랑한 식감을 자랑하는 안달루시아 지방의 대표 디저트이다. '토시노 데 씨엘로'는 한국어로 해석하면 '천국의 작은 돼지들'이라는 의미이다. 이 포동포동한 맛있는 식감의 푸딩이 돼지랑 무슨 상관일까? 좀 의아하다. 아마도 어린아이들이 푸딩을 많이 먹으면서 '작은 돼지'라는 단어가 붙은 게 아닐까? 달콤함과 폭신폭신한 식감이 그대로 느껴져 한 입만 떠 먹어도 마치 천국에 있는 것처럼 기분이 좋아진다.

겉으로 보기엔 카탈루냐 지방의 유명 디저트인 크렘 크레마CRÈME CARAMEL와 비슷한 것 같지만 한입 베어 먹어보면 미세한 차이를 느낄 수 있다. 토시노 데 씨엘로는 달걀노른자, 설탕, 물 오직 3가지 재료만 이용하여 만든다. 반면 크렘 크레마는 달걀을 통째로 넣거나 우유를 넣어 만드는 차이가 있다. 토시노 데 씨엘로가 훨씬 부드러운 식감을 갖고 있다. 달 걀노른자만 사용하는 이유도 꽤 재미있다. 수백 년 전 수녀원에서는 셰리주의 병을 닦기 위해 달걀의 흰자를 사용했다고 한다. 달걀흰자만 사용하다보니 노른자가 꽤 많이 남아 늘 버리곤 했는데, 그것이 아까워 노른자만으로 만들 수 있는 빵과 쿠키를 생각했다고 한다.

맛으로 승부하는
라 아조티

　세비야의 구 도심지에 가니 저기 어딘가 마부들이 보인다. 마치 타임
머신을 타고 과거의 고풍스러운 거리 한 곳을 걷는 사람이 된 것만 같
다. 밤이 되면 은은한 달빛 아래 오렌지색 가로등이 비춰 낭만을 더한
다. 수천 년의 역사가 담겨있는 도시 전역에 고즈넉한 아름다움이 융
단처럼 깔려있다. 아마도 이런 아름다움은 화려한 기술이 만든 단순한
아름다움이 아니라 수천 년 동안 차곡차곡 쌓아 만든 아름다움일 테다.
세비야의 역사는 수천 년 전 고대 로마 시대부터 시작한다. 이후 이슬
람 사람들이, 다시 가톨릭을 믿는 사람들이 지배를 하면서 도시는 점차
변화하였다. 그중에서도 세비야의 건축, 문화에 큰 영향을 주었던 시기
는 단연 이슬람 통치 시대이다. 8세기부터 15세기까지 이베리아 반도

를 점령한 이들은 재미있게도 오늘날 스페인하면 떠오르는 많은 것들을 전파한 장본인들이다. 심지어 '투우', '빠에야'까지도 이들이 전했을 정도면 얼마나 많은 문화가 이슬람으로부터 전해져 온 것인지 대략 짐작해볼 수 있다.

이슬람 사람들은 건축에까지도 깊이 영향을 주었다. 수많은 모스크, 정교하고 과학적인 문양은 놀라울 정도이다. 바르셀로나를 먹여 살린다는 천재적인 건축가 '안토니오 가우디' 역시 초기 작품들은 대부분 이슬람의 무어인들이 만든 작품에서 영감을 얻고 배워나갔다는 이야기가 있을 정도로 문화, 예술적으로도 발전을 했다. 각 도시마다 이슬람 문화를 대하는 태도가 조금씩 다른데. 세비야에서 3시간 떨어진 그라나다는 이슬람 문명이 만든 '알함브라 궁전'이 너무나 아름다워 손끝 하나 대지 않은 채 원형 그대로 보전을 한다. 세비야에서 차타고 1시간 30분 정도면 갈 수 있는 '코르도바'의 경우 이슬람 사원에 과감히 십자가를 박거나 전면 개조를 한다. 세비야는 모스크를 과감히 없애고 그 위에 성당을 짓는데 그곳이 바로 그 유명한 세비야 대성당이다. 이슬람 세력들에겐 아픈 역사지만 가톨릭 신도들에겐 영광의 장소이다. 세계에서 가장 큰 고딕 양식의 건축물은 보기만 해도 웅장하다. 없는 신앙심도 이곳에 들어가면 생긴다고 할 정도로 아름다워 보는 사람마다 입이 딱 벌어진다. 그래서 언젠가 나 역시도 결혼을 하면 꼭 세비야로 오고 싶다고 막연히 생각을 했고 그 후로 몇 년 뒤 무리를 해서라도 신혼여행에 세비야를 포함시키기로 했다.

001 　라 아조티 본점(JESUS GRAN PODER) 외관

　낭만을 따라 세비야에 온 것까진 좋았지만 너무 피곤에 지쳐 있었다. 스페인이지만 아프리카와 가까운 섬에서 10일 이상 극기 훈련하듯 돌아다니다 세비야에 도착했으니 심신이 고단했다. 매일 빵만 먹고 돌아다니니 나는 괜찮다지만 남편은 밥 먹고 싶다고 울상이었다. 우리의 신혼여행이 배고픈 추억으로 얼룩지는 건 싫어 세비야에서 맛있기로 소문난 빠에야 집을 수소문했더니 다행히 대성당 뒤편에 미슐랭에 등재된 레스토랑이 하나 있었다. 게다가 아침 일찍부터 문을 열어 아침밥을 든든히 먹고 세비야를 둘러 볼 수 있겠구나... 싶었지만 그러기엔 가격이 비싸 그나마 가격대가 합리적인 점심에 다시 찾아가기로 했다.

점심 무렵 다시 라 아조티를 찾아가니 앉을 자리도 없을 정도로 북적인다. 사람들 틈을 비집고 들어가 자리를 잡으니 우리 둘의 얼굴을 보고 한국어 메뉴판을 건넨다. 워낙 한국 사람들에게 인기가 많아 그런지 주변을 둘러보니 두 사람을 빼고 모두 한국 사람들이다. 어디선가 익숙한 한국어가 들려오면서 순간 이태원 식당에 와 있는 착각이 들 정도였다.

문어, 연어와 같은 해산물 요리부터 빠에야, 하몽, 샐러드까지 다양한 음식을 판매하고 있는데 이곳이 그토록 많은 사람들에게 유명한 이유는 독특한 타파스 요리와 구수한 리조또 때문이다. 타파스는 1/2인분으로도 주문이 가능해 부담 없이 맛볼 수 있고 리조또 역시 빠에야처럼 큰 철판에서 여러 명이 나눠 먹는 게 아니라 1인분씩 한 사람이 먹을 수 있는 분량으로 나온다. 그래서 그런지 테이블에도 혼자 식사를 하는 사람들이 여럿 보인다. 가장 인기가 많은 요리는 스프링 롤이다. 라이스 페이퍼로 만든 요리는 두꺼운 순대 크기로 바삭한 튀김옷 안에 야채와 치즈, 새우 등 여러 재료를 섞어 버무린 요리가 안에 듬뿍 들어있다. 보기엔 바삭한 튀김 요리처럼 보이지만 안에는 치즈가 꽤 많이 들어 있어 부드러우면서 고소한 식감을 맛볼 수 있다. 먹다보면 다소 느끼할 만도 해서 추천하는 음료는 상그리아나 맥주이다. 대부분 라이스 페이퍼 스틱과 맥주를 함께 시켜 느끼한 맛을 누그러뜨린다. 처음 맛보는 독특한 스틱 맛에 결혼식을 치르면서 그동안 다이어트 했던 식욕이 갑자기 폭발했다. 이 레스토랑을 전세 낸 사람처럼 앉아서 몇 인분을 둘이 먹은지 모르겠다. 이렇게 라이스 스틱만 먹으면 아쉬울 것 같아 가장 인기 많은 음식을 추천해달라고 부탁하니 리조또를 추천해 주신다.

002   라 아조티 산타 크루즈점(SANTA CRUZ) 실내

라 아조티의 리조또는 다른 식사를 하기 전 간단하게 에피타이저 격으로 먹을 수 있도록 구성되어 있다. 접시에 소담스레 담겨 나오는데 쌀 위에 치즈가 눈처럼 뿌려져있다. 리조또는 전체적으로 버터와 치즈로 간을 맞춰 무척 고소하다. 서빙하는 직원에게 리조또가 맛있다고 칭찬하니 라 아조티에서 가장 인기가 많은 메뉴 중 하나라고 설명을 해준다. 스페인에서는 대체로 짜거나 매콤한 상태의 빠에야를 먹었었는데 이 리조또는 버섯의 담백함과 버터의 고소함이 어우러져 구수한 맛이 느껴진다.

가장 만족스러운 메뉴는 상그리아다. 상그리아는 각 레스토랑마다 제조법이 모두 다르다. 알코올 맛이 강하게 나는 상그리아가 있는 반면 과일 맛을 듬뿍 나게 만드는 상그리아도 있다. 유리잔의 반 이상이 차도록 과일을 듬뿍 넣어 향과 맛이 월등하게 풍부하다. 상큼한 맛이 다른 요리와 잘 어우러져 느끼함도 잡아준다. 결혼에 섬나라 여행에 피곤이 제법 많이 누적되어 있었지만 상그리아 한 잔이면 그간 쌓인 피로가 사르르 녹아내린다.

상그리아는 스페인어로 피를 뜻하는 상그레SANGRE에서 나온 말이다. 주로 레드와인을 베이스로 만들기 때문에 피 색깔처럼 붉고 진하다. 수백 년 전 유럽에서는 아직 정화조가 제대로 발달되지 않아 물을 마시느니 와인을 마시는 것이 더 안전할 정도였다. 그래서 스페인 사람들은 상그리아를 만들어 먹었고 점점 관광객들에게 알려지게 된 것이다. 사실 영국이나 독일, 프랑스 등 다른 유럽 국가에서도 레드와인을 물, 음료, 과일과 섞어 마시곤 한다. 우리나라에서 유행했던 뱅쇼 역시 레드와인을 베이스로 만든다. 하지만 상그리아가 다른 나라에서 만든 음료와 다른 점은 '끓이지 않는다'는 것이다. 대부분의 레드 베이스 음료는 푹 끓여 따뜻하게 만든 뒤 겨울철에 먹거나 감기에 걸렸을 때 마시는데 상그리아는 반대로 뜨거운 여름에 시원하게 마시는 경우가 많다.

시원한 상그리아를 한 잔 마시고 바깥을 쳐다보니 눈앞에 세비야 대성당과 히랄다 탑이 보인다. 약 이천년 전 이슬람교를 믿는 무어인들이 이곳을 배회하고 약 천년 뒤 가톨릭 신도들이 이곳에서 문화를 꽃피운 중심에 우리가 함께 있다고 생각하니 기분이 묘하다. 앞으로의 역사는 어떻게 될까. 그리고 우리의 결혼 생활은 어떻게 될까. 눈앞에 있는 세비야 대성당을 보고 느낀 벅찬 감동이 그대로 유지되어 후손들에게 잘 남겨졌으면 좋겠다는 생각이 든다. 그리고 이제 시작되는 우리의 결혼 생활 역시 지금 이 마음 그대로 유지되기를 바랄 뿐이다. 역사는 어떻게 흘러갈지 아무도 장담할 수 없지만 그저 하루하루 행복할 수 있도록 최선을 다할 수밖에 없다는 이야기를 하며 라 아조티에서 식사를 마쳤다.

라 아조티 LA AZOTEA

WWW.LAAZOTEASEVILLA.COM

위   치   대성당 뒤편 마부들이 모여있는 거리(Plaza del Triunfo)에서
Calle Mateos Gago를 따라 2분 정도 걸어가면 찾아볼 수 있다.

주   소   CALLE MATEOS GAGO, 8, 41004 SEVILLA, SPAIN

전화번호   +34 954 21 58 78

영업시간   09:00~24:00

가   격   빵과 올리브 1.5€, 과일빵과 파인애플, 바닐라 잼으로 만든 홈메이드
푸아그라 : 12€(반인분), 18€(1인분), 플랑크톤 쌀요리(리조또) 5.5€,
라이스 페이퍼 스틱 8.5€(반인분),12€(1인분)

* 라 아조티는 세비야에 4개 지점이 있으며 가장 접근성이 좋은 산타 크루즈점의 정보를 기재함

전통의 맛을 그대로 느낄 수 있는
라 트래디셔널

365일 오렌지가 주렁주렁 매달려 있는 세비야, 실제로 그렇게 수많은 오렌지를 한꺼번에 구경한 적은 처음이다. 동네 어딜 가도 쉽게 오렌지나무를 볼 수 있었는데 아마 그래서 이곳의 오렌지들이 그렇게 저렴했나보다. 오렌지 나무가 어찌나 많은지 마치 길가에서 은행나무를 보는 느낌이다. 세비야 대성당에 있는 마차들을 사이로 3분 정도 걷다 보면 어딘가 '라 트래디셔널'이 보인다.

'라 트래디셔널... 전통이라....' 세비야만큼 스페인에서 '전통'이라는 단어가 잘 어울리는 도시가 또 있을까. 얼마나 거슬러 올라가야 전통이 있다고 이야기를 할 수 있을까. 세비야의 전통을 이야기하려면 그리스 신화까지 거슬러 올라가야 한다. 그리스 로마 신화의 헤라클래스에

라 트래디셔널

게는 12가지 과업이 있었다고 한다. 그중 하나가 바로 '세상의 끝'이라고 불리는 에리테이아 섬에서 게리온 괴물의 황소 떼를 몰고 오는 것이었다. 이 에리테이아 섬이 세비야의 시초라고 사람들은 이야기한다. 고대 로마 시대와 게르만 시대를 뒤로 하고 세비야는 8세기부터 이슬람 세력이 집권하게 된다. 약 500년간 이슬람 세력들이 집권을 하면서 웅장한 건축, 정교하고 화려한 문양, 타일까지 꽃피게 된다. 세비야에는 수많은 모스크가 만들어지고, 신전이 세워진다. 수천 년의 역사는 흘러 오늘까지 이어진다. 그리고 아직도 수많은 사람들은 과거의 정통과 영광을 그리워하고 있다. 세비야의 마부, 플라멩코 공연장, 투우 경기장, 그리고 이곳 라 트래디셔널까지 모두 세비야의 전통을 연상시키는 요소들이다.

이름부터가 범상치 않은 라 트래디셔널은 들어가자마자 천장에 하몽이 가득 매달려 있다. 돼지 뒷다리를 숙성시킨 햄인 하몽은 스페인의 전통 요리이긴 하지만 이슬람교도에겐 다소 불편한 요리이기도 하다. 이슬람교의 성전인 '코란'에는 돼지고기를 입에 대는 것 자체를 금기한다.

> "죽은 고기와 피와 돼지고기를 먹지 말라. 그러나 고의가 아니고 어쩔 수 없이 먹을 경우에는 죄악이 아니라고 했으니 하나님은 진실로 관용과 자비로 충만하신 분이니라."
>
> - 코란 2장 172~173절

이슬람교를 믿는 사람들은 건강한 육체에 건강한 정신이 깃든다고 생각한다. 그래서 먹는 것을 신성시하는데 돼지는 잡식성으로 온갖 더러운 것을 잡다하게 먹어 불경하게 여겼다. 그들의 성전인 코란조차 이 동물을 먹는 것을 금지하고 있어 그 누구도 돼지고기를 즐겨 먹지 않았다. 하지만 가톨릭 세력이 이 지역을 지배하며 돼지 뒷다리 요리인 하몽을 장려한다. 하몽은 그들 종교와는 아무 상관없는 영양식이었기 때문이다. 때문에 영양소도 듬뿍 들어있는데다 오랫동안 보관까지 할 수 있

는 하몽을 적극적으로 만들기 시작했다. 이때 가톨릭 신도들은 무어인 (이슬람교를 믿는 아랍계와 베르베르인들의 후손)들을 박해하는데 무어인들은 희생되지 않기 위해 억지로 하몽을 만들어 집 대문에 걸어 놓거나 일부러 사람들에게 하몽 만드는 모습을 보였다고 한다. 과거의 이야기를 거쳐 오늘날 스페인에서는 아무 보데가나 레스토랑에 들어가도 하몽이 주렁주렁 걸려있다.

음식은 그 지역의 환경에 맞춰 발달을 하는데 안달루시아 전통 요리도 역시 안달루시아의 뜨거운 온도를 달래거나 원활한 보관을 위한 방향으로 발달했다. 안달루시아 지역의 유명 요리인 살모레호SALMOREJO는 시원한 토마토 스프인데 아무리 뜨거운 여름날이라도 시원한 이 요리 한 그릇이면 더위가 식을 정도로 영양소도 풍부하고 상큼하다. 에스피나카스ESPINACAS CON GARBANZOS는 세비야에서 가장 인기 많은 전통 타파스로 병아리콩과 시금치를 조합하여 만들었는데 담백한 맛에 중독성이 꽤 있는 요리이다. 약 710년경 이슬람 세력을 몰아내고 가톨릭 세력이 스페인을 점령할 무렵부터 발전해 오늘날까지 인기가 많은 역사 깊은 타파스 중 하나이다. 라 트래디셔널은 안달루시아 전통 음식을 주로 팔고 있고 온통 스페인 메뉴판에 세비야 전통 음식으로만 구성되어 낯설 수 있지만 한국에서 흔히 볼 수 있는 마늘, 해산물, 위스키 등 재료로 주로 만들어 맛이 낯설지 않다.

밥을 실컷 먹고 '라 트래디셔널'을 둘러보니 앉아있는 의자, 식탁, 주방 모두 사람의 손길이 제법 많이 묻어난다. 사람으로 치자면 아주 사회경험이 많고 재미있는 후덕한 할아버지 같다. 언제가도 아늑하고 편하지만 내공이 느껴지는 그런 사람이 어울린다. 사회생활을 하면 할수록 새로운 사람들을 더 많이 만나지만 내 마음을 터놓을 수 있는 사람은 그래도 오래 알고 지낸 사람일수록 좋은 법이다. 여행을 하면 할수록 화려하고 세련된 레스토랑을 많이 보게 되지만 어쩐지 내 마음이 푸근해 지는 레스토랑은 이렇게 낡았지만 오랜 내공이 담겨있는 레스토랑이다. 세상은 늘 빠르게 변하고 있지만 수백 년 동안 전해지는 고유의 가치와 문화는 변치 않았으면 좋겠다.

라 트래디셔널 LA TRADICIONAL

LA-TRADICIONAL.ES

위   치   대성당 뒤편 마부들이 모여있는 거리(Plaza del Triunfo)에서
            Calle Mateos Gago를 따라 3분 정도 걸어가면 찾아볼 수 있다.

주   소   CALLE MATEOS GAGO, 7, 41004 SEVILLA, SPAIN

전화번호   +34 954 29 31 15

가   격   에스피나카스 콘 가르바소스 2.2€, 살모레호 7€, 가스파초 3.5€

세비야에서 꼭 먹어야 할 음식들

세비야의 타파스 가게는 어딜 가든 대부분 만족스럽다. 왜냐하면 맥주 한 잔을 시키면 타파스를 공짜로 주기 때문이다. 바르셀로나와 같은 대도시의 타파스 바는 철저히 타파스 하나, 맥주 한 잔의 가격을 받지만 안달루시아 지방은 대체로 인심이 후하다. 공짜로 먹는 타파스는 무엇을 먹어도 만족스럽지만 이왕이면 다채로운 안달루시아의 맛을 느껴보길 추천한다.

01 살모레호 SALMOREJO

안달루시아 지방에서 오래 전부터 전해 내려온 전통 음식 중 하나이다. 하지만 세비야는 안달루시아 지방의 도청소재지인 만큼 많은 타파스 가게가 있고 대부분 살모레호를 팔고 있어 쉽게 살모레호를 접할 수 있다.

살모레호는 토마토 수프이다. 우리나라에도 꽤 알려진 '가스파초'보단 걸죽한 편인데 토마토와 빵을 넣고 갈아 만들었기 때문에 한 그릇만 먹어도 포만감이 느껴진다. 주재료가 토마토라 토마토 맛이 나지만 그밖에도 올리브유, 마늘 등을 넣어 한층 담백하면서도 고소한 맛을 낸다. 이 지방 사람들은 뜨거운 여름날 더위를 식히기 위해 이 음식을 만들어 차가운 스프 형태로 떠먹곤 한다.

02 아호 블랑코 AJO BLANCO

아호 블랑코 역시 살모레호와 마찬가지로 뜨거운 날씨에 영양을 보충하기 위해 만든 안달루시아 지방의 전통 타파스로 차갑게 해서 떠먹곤 한다. 약간 누런색을 띄는 흰색이 우리나라의 콩국물처럼 보이지만 아호 블랑코는 콩이 아닌 아몬드에 마늘 몇 조각을 넣어 함께 갈아 만든 타파스이다.

아몬드의 고소한 맛이 그대로 느껴지면서 마늘로 느끼한 맛을 잡아줘 한국 사람들의 입맛에도 잘 맞는 타파스이다.

대중적으로 사랑을 받고 있는 타파스라 바르셀로나, 마드리드 등 대도시의 마트에서도 아호 블랑코를 포장하여 판매하기도 한다.

03 에스피나카스 콘 가르바소스
ESPINACAS CON GARBANZOS

추운 겨울날 제격인 타파스이다. 시금치와 병아리콩을 한가득 담은 타파스는 보기만 해도 건강해질 것 같다. 언뜻 보기에도 아랍 음식처럼 보이는 '에스피나카스 콘 가르바소스'는 8세기경 아랍인들에게 지배당할 시기 전해진 요리이다.

안달루시아 지방은 대체로 날씨가 무척 더운 편이다. 여름에는 40도에 육박할 정도로 뜨거운 탓에 음식을 보관하기가 쉽지 않았다. 자연스럽게 향신료가 발달했는데 좀 더 쉽고 저렴하게 보관하기 위해 채소와 향신료를 조합하게 되었다고 한다. '에스피나카스 콘 가르바소스' 역시 이런 맥락에서 탄생한 요리이다. 시금치와 병아리콩이 향신료와 섞여 있어 한입만 떠먹어도 몸이 뜨거워지는 것 같다. 섬유질과 단백질이 많아 영양식으로도 으뜸이다.

04 오렌지 와인   VINO DE NARANJA

오렌지의 도시라고 칭해도 손색이 없을 정도로 세비야에는 오렌지 나무가 많다. 도시 도처에 깔려 있어 어디를 가도 오렌지가 주렁주렁 달려있는 장면을 쉽게 볼 수 있다. 그래서 오렌지와 관련된 음식도 꽤 다양하게 만나볼 수 있다. 심지어 와인까지 오렌지로 만들었는데 그 맛과 향에 반해 세비야 사람들이 즐겨 마시곤 한다.

아메리카노와 같이 진한 갈색을 띤 액체는 상큼하면서 달콤하다. 오렌지로 숙성시켜 만든 와인이라 그런지 오렌지 향도 은은하게 풍긴다. 달콤한 향과 맛에 사람들은 주로 요리를 다 먹은 뒤 디저트로 오렌지 와인을 한 모금 마셔 깔끔하게 맛을 정리한다. 와인을 사랑하는 사람뿐만 아니라 와인을 평소에 즐겨 마시지 않는 사람이라도 산뜻한 오렌지 와인 한 모금을 머금는다면 오렌지 와인에 반할지도 모르겠다. 어쩌면 여행을 하고 다시 일상에 돌아왔을 때 내가 그렇듯 세비야 대성당보다도 더욱 강렬하게 그리워할지도 모르겠다.

05 솔로미요 SOLOMILLO

솔로미요는 등심 고기 요리로 스페인 어디서나 볼 수 있지만, 세비야의 솔로미요는 위스키를 넣어 만든다는 점에서 특별하다. 고기 요리는 잘못 만들면 비린내가 날 수 있는데 위스키로 특유의 고기 누린내를 없애고 육질을 연하게 만든다. 세비야 사람들은 등심 요리에 그 어떤 소스를 사용하는 것보다 위스키로 만든 소스나 위스키와 고기를 함께 굽는 편이 더 맛있다고 자부한다. 타파스 메뉴로 시키면 한 접시에 어린아이 손바닥 정도 크기의 고기가 1~2점 제공되어 이것만 먹어도 배가 부를 정도이다. 담백한 고기맛을 느끼고 싶다면 세비야의 위스키 솔로미요를 맛보길 추천한다.

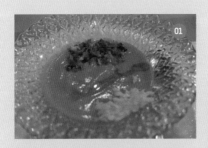

대성당을 바라보며 타파스 한 접시

가고 6

세비야의 구 도심지를 걸으며 무심코 땅바닥을 보니 돌이 닳고 닳아 있다. 하긴 이 도시의 이 거리는 헤라클래스가 낳은 도시라는 소리도 있고, 로마시대 시저의 아들이 묻혀있는 도시라는 이야기도 있을 정도로 수천 년의 역사가 흐르는 곳이다. 한때는 이슬람 사원이 있기도 하고 다른 한때는 가톨릭 군사들이 이곳에 터를 잡기도 하였다. 그리고 지금은 이렇게 대성당 뒷편에 과거의 향수를 불러일으키는 수많은 레스토랑과 카페, 기념품 상점들이 줄을 서 있다. 12월의 세비야는 한국의 초가을 같다. 쌀쌀한 날씨에 많이 걸으면 피곤할 것 같아 간단히 아침식사를 하기로 했다. 아침 8시경 대부분 레스토랑은 문이 닫혀 있고 아쉬운 마음에 약간 떨어져 있는 카페나 가려고 발걸음을 옮기려는데 저기 어딘가 불 켜진 레스토랑 '가고 6'라는 곳이 보인다.

가고 6의 외관

　카페는 벽을 두고 두 공간이 이어져있는 구조이다. 세비야는 수천 년이 응집된 곳이라 도시 전체가 문화유산이라고 할만하다. 그래서 마음대로 공사나 보수를 하기가 어려운 게 사실이다. 가고 카페도 건물을 다 부수는 대신 이렇게 외벽을 남겨둔 채 독특한 구조로 레스토랑을 운영하고 있다. 벽으로 나눠져 있지만 모든 자리를 세보면 대충 50자리 이상이 될 정도로 레스토랑의 규모는 제법 큰 편이다.

　주방은 벽으로 나눠진 구역을 연결하고 있다. 타파스나 커피, 빵 등 각종 요리를 즉석으로 만들고 있다. 오픈 주방이라 어떤 재료로 어떻게 요리를 하는지 구경할 수도 있다. 여러 종류의 음식을 한꺼번에 만들어야 하여 꽤 넓은 편이다.

주방과 카페의 실내를 눈으로 힐끗 둘러보고 간단히 아침을 먹으려 하니 마침 이곳에 아침 식사 메뉴가 준비되어 있다. 간단하게 식사를 하고 싶어 크루아상과 카푸치노 한 잔을 시켜놓고 사진을 찍는데 갑자기 핸드폰이 꺼져 버렸다. 직원은 내 핸드폰이 꺼졌다는 것을 눈치 채고 어떤 벽면으로 데려간다. 그 벽면에는 세비야의 구석구석을 직접 손으로 그려 넣었는데 잘 그리고, 못 그리고를 떠나 섬세하게 펜으로 구석구석 그린 풍경에 세비야에 담긴 애정이 느껴지는 벽이다. 단순히 세비야 그림을 그린 장식용 벽인 줄 알았는데 그 벽을 슥 밀자 충전할 수 있는 콘센트가 보인다. 온갖 서류뭉치며 여러 잡동사니가 뒤얽혀 있는데 아랑곳 하지 않고 충전하게 내 핸드폰을 달라고 한다. 그러고 보면 내가 만난 대부분의 스페인 사람들은 참 정이 많다. 자신의 일이 아닌데도 끝까지 자신의 일인 것처럼 대하는 모습은 기본이고 때때로 길을 잃으면 직접 목적지까지 데려다주는 사람들도 꽤 많다. 오늘처럼 핸드폰이 꺼졌을 때 내가 직원이었다면 모르는 척 지나갈 만도 하지만 번거롭더라도 꼭 이렇게 도와준다. 그래서 내가 오랫동안 스페인에 빠진 게 아닐까.

핸드폰 충전을 위해 직원의 도움을 받는 동안 내가 주문한 크루아상과 풍성한 거품을 더한 커피가 나왔다. 크루아상은 반으로 잘라 구워 무척 바삭바삭하고 비터와 딸기잼이 함께 나온다. 빵에 골고루 발라 커피랑 같이 먹는데 그 부드러운 맛이 12월의 쌀쌀한 바깥 추위를 풀어준다. 커피 역시 거품 가득 부드러운 맛에 어디에도 가고 싶지 않고 이 자리에 몇 시간이건 가만히 앉아 있고 싶은 생각이 든다. 가만히 앉아 쉬면서 주변을 찍고 있으니 붙임성 좋은 직원은 다른 예쁜 곳도 가르쳐주겠다며 소개를 한다. 벽 너머에 있는 다른 공간이다. 거대한 소머리가 위쪽

벽에 붙어 있다. 종이로 만든 소머리는 스페인을 대표하는 '투우'를 연상시킨다. 이슬람 사람들이 전파한 투우는 스페인 안에서도 찬반 논쟁이 뜨거운 경기이다. 점점 대도시 중심으로 투우 경기를 없애는 추세이지만 여전히 '스페인'하면 '투우'가 떠오른다. 스페인을 대표하는 예술가인 달리, 피카소 모두 투우를 소재로 수많은 작품을 남겼고 연극, 문학, 음악에서도 '죽음을 무릅쓰는 예술'로서 투우를 그리고 있다. 지금은 과거와 달리 투우를 하는 소도 개량을 하고 경기 자체도 자주 하지는 않지만 사람들이 여전히 스페인하면 '투우'를 떠올리는 이유는 강렬한 정열, 뜨거움과 같은 감정이 연상되어서가 아닐까.

카페에서 나와 대성당을 본 뒤, 친절한 직원이 생각나 다시 가고 6에 들렀다. 아침만 하더라도 한가로웠던 레스토랑은 1시쯤 되니 사람들로 가득 차 15분 이상 기다려야 입장할 수가 있다고 한다. 아침과는 다르게 점심부터는 안달루시아 전통 음식과 타파스, 빠에야, 감바스 알 알히요 등을 판매하고 있다. 약 10분 정도 기다렸을까. 드디어 우리 차례가 되었다. 오후 시간대는 날씨가 따스해져 야외 테라스 좌석을 앉기로 했다. 대성당과 가까워 야외에서 식사를 하면 히랄다 탑과 대성당이 눈앞에 보인다. 수천 년의 역사가 담긴 장소 앞에서 타파스를 먹으니 기분이 묘하다. 역사의 한 장면 안에 마치 내가 들어간 느낌이다.

대성당을 바라보면 타파스 한 접시를 먹는데 이런 생각이 든다. 수천년 전 사람들은 알았을까? 그들이 만든 모스크가 이렇게 대성당으로 변해있을 것이란 것을. 천 년 전 사람들은 알았을까? 저 멀리 전 세계 사

　타파스 & 카페 맛있는 스페인에 가자

람들이 그들이 만든 유적을 보러 찾아올 것을. 앞으로 역사는 어떻게 흘러갈지 모르겠지만 대성당이 있는 구 도심만큼은 지금 그대로 보전이 되었으면 좋겠다. '가고 6' 역시 한결같은 서비스와 맛을 유지했으면 좋겠다. 그래서 먼 훗날 누군가 이곳을 들러도 없어진 역사에 대해 쓸쓸해하기 보단 아름다운 향수를 불러일으키는 장소가 되었으면 좋겠다.

~~~~~~~~~~~~~~~~~~~~~~~~~~~~~~~~~~~~

가고 6 GAGO 6

FACEBOOK.COM/GAGO6SEVILLA/

위　　치　내성당 뒤편 마부들이 모여 있는 거리(Plaza del Triunfo)에서
　　　　　　Calle Mateos Gago를 따라 2분 정도 걸어가면 찾아볼 수 있다.

주　　소　CALLE MATEOS GAGO, 6, 41004 SEVILLA, SPAIN

전화번호　+34 955 38 16 51

영업시간　08:30~01:00

가　　격　해산물 빠에야 30€(2인분), 상그리아 병 15€, 가스파쵸 3.5€

~~~~~~~~~~~~~~~~~~~~~~~~~~~~~~~~~~~~

~

빠에야

스페인의 전통요리인 빠에야는 여러 가지 해산물을 넣어 만든 철판 볶음밥의 일종이다. 빠에야는 8세기 무렵 세비야가 이슬람의 지배를 받을 때 이슬람 문화의 영향을 받아 만들어 먹기 시작했다고 하는데, 지금은 스페인 전역에서 맛볼 수 있는 대표 요리이다. '빠에야'는 본래 스페인에서 바닥이 얕고 둥근 프라이팬을 의미한다. 과거에는 마을 잔치 때 지름 1m 이상의 커다란 둥근 프라이팬에 볶은 요리를 함께 나눠 먹었다고 한다. 내가 스페인 여행을 할 때도 스페인 어디를 가든 식당마다 큰 원형 철판을 디스플레이 해놓고 푸짐하고 맛있어 보이는 빠에야로 여행객들을 유혹하곤 했다.

쌀과 각종 해산물을 큼지막한 철판 위에 올려 보글보글 끓여 내오는 모습은 우리가 상상하는 스페인 요리의 대표적인 이미지이다. 하지만 정작 스페인 사람들은 '빠에야'를 스페인 요리의 '대표'라고 하면 고개를 갸우뚱 한다. '빠에야는 발렌시아의 음식이 아닌가?'라고 생각하는 사람들이 대다수이다. 마치 '비빔밥' 앞에 '전주'라는 도시 이름이 붙듯 스페인 사람들에게는 '빠에야'와 '발렌시아'라는 지역이 항상 붙어다닌다. 또 스페인 내에서도 '빠에야'가 유명한 음식이라는 것은 분명한 사실이지만 스페인 현지 맛집, 스페인 사람들도 인정하는 정통 빠에야 만드는 집은 찾기 어렵다고 스스로 아쉬워하는 경우가 많다.

빠에야는 철판에 재료를 넣기 전 토마토, 양파, 해산물 육수 등으로 소스를 만들고 그 육수를 진득하게 국물기가 많이 남아 있는 채로 끓여가며 만드는 요리이다. 이때 샤프란과 같은 향신료를 넣어 풍미를 살리는데 만드는 시간이 제법 걸린다. 그 대안으로 일부 레스토랑은 냉동 빠에야를 빠르게 해동시켜 만들지만 푸석푸석하고 샤프란의 풍미도 떨어져 빠에야 본연의 맛을 살리지 못하는 경우가 많다.

그래서 스페인 사람들은 제대로 된 스페인 음식 문화를 알리고, 빠에야에 대한 정보를 관광객들에게 정확히 전달하고자 '위키 빠에야WIKI PAELLA' 같은 사이트를 만들어 알리고 있다. 빠에야는 발렌시아에서 유래한 음식이라는 정보부터 철판 안에 국물이 들어가 걸죽하게 먹어야 제맛이라는 정보까지 현지인들이 챙기는 정보를 찾아볼 수 있다. 사실 관광객 입장에서는 국물 빠에야든 그냥 빠에야든 맛이 있으면 그만이라는 생각을 하며 먹지만 스페인 사람들은 그들의 관광자원, 예를 들어 음식, 언어, 건축 등에 대해서는 생각이 명확하고 주장할 것은 확실히 주장하며 지켜나가고 있다. 그들의 문화자원을 스스로가 중요하게 생각하는 모습을 보면 '맛있네.' 정도로 끝날 음식도 한번쯤 다시 생각해보게 된다.

과달키비르 강변의 낭만
아바데스 트리아나

세비야는 개인적으로 나와 인연이 깊은 곳이다. 내가 스페인어를 처음 배운 도시이기도 하고 나와 남편의 신혼여행지이기도 하다. 이름만 들어도 두근거리는 '신혼여행지' 중 한 곳을 세비야로 정한 이유는 무엇보다 이 도시에 감도는 '낭만' 때문이다. 도시를 바라보면 마치 하나의 문화유산을 보는 것처럼 전통이 느껴지고 다양한 이야기가 들린다. 웅장하고 섬세한 건축물도 물론 많지만 세비야에서 가장 낭만적인 장소를 꼽으라면 단연 세비야를 유유히 흐르는 '과달키비르 강가'이다. 아침에는 강변에 위치한 오색 빛깔의 알록달록한 집들이 펼쳐졌고 밤에는 황금의 탑이 강가에 투영된다. 밤에는 황금의 탑에 가로등 불빛처럼 오렌지빛이 드리우는데 그 빛깔이 그대로 강가에 반사되어 반짝인다. 천년의 세월동안 얼마나 많은 이야기가 흘러 내려왔을까. 강물에 담긴 세비야의 풍경을 보면 누구라도 감성이 일렁일 것이다. 이 도시의 감성적인 분위기 때문에 무리를 해서라도 신혼여행은 꼭 세비야에서 시작을 하고 싶었다.

001   과달키비르 강가

명색이 신혼여행이라지만 워낙 결혼하는데 돈을 많이 써 세비야에서 먹는데 돈 쓰는게 너무 아까웠다. 스페인은 외식비용이 꽤 비싼 편이라 집에서 해먹는 것이 훨씬 이득이라지만 여행자에겐 시간이 곧 돈이라 일일이 해먹을 수도 없는 노릇이다. 특히 저녁 식사는 꽤 비싼 편이라 특별한 날을 제외하고는 간단히 타파스를 먹는 경우가 더 많다. 세비야에 있는 내내 거의 빵과 타파스만 먹으며 살다가 남편이 우울해하며 내게 말을 건넸다.

"나한테는 첫 번째 세비야고, 그래도 우리의 신혼여행인데... 좀 좋은데 좀 가면 안돼?"

그러고 보니 남편은 첫 번째 스페인, 첫 번째 세비야인데 제대로 된 레스토랑 한 곳 데려가지 못한게 미안해 세비야에서도 낭만적인 레스토랑으로 꽤 유명한 '아바데스 트리아나'에 데려가기로 했다.

'아바데스 트리아나'가 유명한 이유는 '과달키비르 강변'을 바로 코앞에서 바라볼 수 있기 때문이다. 세비야 3000년의 역사를 만든 과달키비르 강은 고대 로마시대부터 지금까지 빼놓을 수 없는 세비야의 중요한 자원이다. 강 덕분에 농사를 지을 수 있었고 빠르게 이민족과 교류를 할 수도 있었고 빠르게 문물이 들어올 수 있었다. 강물에 비치는 황금의 탑도 과거 배를 타고 들어오는 사람들에게 관세를 물리기 위해 만든 장소이다. 1220년, 이슬람 세력이 세비야를 통치하고 있을 당시 이슬람 세력들은 세비야를 제 2의 수도로 삼을 만큼 중요하게 생각하였고 그래서 수많은 사람들이 강을 통해 세비야에 찾아왔다. 이슬람 세력

002   아바데스 트리아나의 외관

은 12각형으로 탑을 만들어 이곳에 오는 수많은 배를 검문하고 통행료, 관세를 부과하기 시작한다. 이름이 '황금의 탑'인 이유는 만들어질 당시에는 금박을 입힌 타일로 탑의 외관이 덮여있었기 때문이라는데, 세월이 너무 많이 지난 이야기라 정확한 이야기는 알 수가 없다.

통행료를 걷기 위해 만든 장소이지만 지금은 천년이 지난 건축물을 강가를 걸으며 볼 수 있다는 생각에 많은 연인들이 이곳을 찾아 풍경을 바라본다. 이 레스토랑 역시 찾아오는 사람들은 대부분 연인과 가족이다. 레스토랑에 들어가는 그 순간부터 눈이 동그래지기 시작한다. 마치 현대 미술작품처럼 직사각형 구조의 네모난 기둥이 투박하게 노출된 천장을 받치고 있는데 단순하지만 세련된 멋이 느껴진다. 건축물 앞에 커다란 글씨로 '아바데스 트리아나'라고 쓰여 있다. 검은색 실내 배경에 화려한 꽃과 잎사귀가 은은한 하얀색 간접 조명으로 반짝인다. 담당 직원의 안내를 받아 강변 좌석에 앉아 주변을 둘러보니 가까이에서 피아니스트가 음악을 연주해주고 테이블 근처에서 하몽을 얇게 썰어준다. 각 테이블마다 담당하는 직원이 따로 있어 '대접받고 있다'는 느낌을 불러일으킨다.

사람들에게 질 좋은 서비스와 맛있는 음식을 제공해서인지 자동차회사 '포르쉐 소메', '세비야 맛집' 등 많은 매체에서 이곳을 맛집으로 다루고 있다. 아쉬운 점이라면 '김밥천국'처럼 마음 가볍게 식사할 수 있는 가격이 아니라는 점이다. 고급 레스토랑이라 그런지 메뉴판을 보는 순간 시내 대비 약 2~3배 정도는 비싸 다시 밖으로 나가야하나.... 라는 생각이 문득 들었다. 하지만 이런 부담을 조금이나마 내려놓을 수 있던 이유는 레스토랑의 '특별 메뉴' 덕분이다. 강을 감상하기 위해 찾는 사람들이 많아 연말이나 행사가 많은 특별한 시기에는 아예 '강가뷰 메뉴', '특별 한정 메뉴' 등 한정 메뉴가 별도로 있다. 핑거푸드, 커피, 디저트 등 간단한 음식으로 구성된 메뉴가 보여 냉큼 시켰다. 이 메뉴면 1-2시간 강변을 바라보기에 충분할 것 같다. 간단히 시킨 디저트 메뉴는 3단 트레이에 각종 젤리와 케이크와 함께 커피까지 나오는 구성이다. 의외의 음식도 있는데 터키에서 자주 먹었던 '딜라이트'나 샴페인 잔에 캐비어와 샐러드가 가득 들어 있는 디저트도 함께 나온다. 강가를 바라보며 디저트를 함께 먹는 시간보다 어떻게 더 행복한 시간을 만들 수 있을까.

003 ~ 005   아바데스 트리아나의 메뉴

아마 먼 훗날 우리가 신혼여행을 돌아보았을 때 가장 낭만적인 순간들을 생각한다면 단연 세비야에서의 시간이 떠오르지 않을까 생각해본다. 세비야에서 마차를 탔던 일, 플라멩코를 보았던 순간 등이 있지만 뭐니 뭐니 해도 이 레스토랑에서 강변을 바라보며 디저트를 함께 먹고 웃었던 기억일 것 같다. 오랜 친구가 좋은 점은 나와 친구만이 공유하는 재미있는 추억이 많아서일 테고 오랜 부부가 좋은 점은 함께 공유할 수 있는 따뜻한 추억이 많아서일테다. 앞으로 살면서 좋은 일도 있고 안 좋은 일도 있을 테지만 천년의 세월을 유유히 흘러가는 강과 황금의 탑처럼 고요하게 인생이 흘러갔으면 좋겠다. 그렇게 유유히 흐르다보면 먼 훗날 나와 우리를 바라보았을 때 보기 만해도 낭만과 여유를 느낄 수 있지 않을까 생각해본다.

~~~~~~~~~~~~~~~~~~~~~~~~~~~~~

아바데스 트리아나 ABADES TRIANA

ABADESTRIANA.COM

 # 위 치 황금의 탑(세비야 대성당, 히랄다 탑)이 있는 구 도심지에서 Puente San Telmo 다리를 건너야 한다. 그런 다음 calle betis를 따라 3분 정도 걸으면 찾을 수 있다.

 # 주 소 CALLE BETIS, 69, 41010 SEVILLA, SPAIN

 # 전화번호 +34 954 28 64 59

 # 가 격 타파스 세트 45€, 2인용 세트 메뉴 180€

~~~~~~~~~~~~~~~~~~~~~~~~~~~~~

세계에서 가장 맛있는 담배
에스라바

수년 전부터 그림을 그리고 있다. 처음에는 사물을 보고 사진처럼 따라 그리는 것이 재미있었다. 하지만 점점 나와 비슷하게 그리는 누군가가 있다는 것을 알고 '내 그림, 나만의 독창적인 그림'을 그리고 싶다는 생각이 싹트기 시작했다. 컵을 보고 똑같이 따라 그리는 것은 오랜 기술적 훈련과 연습을 하면 어느 정도 실력이 향상됨을 느낀다. 하지만 정작 내가 가장 어려웠던 점은 컵을 보고 나만의 감정과 생각으로 컵을 재해석하는 방법이었다. 컵이 너무 아름다워 그 안으로 빨려 들어가고 싶은 모습, 컵을 자세히 보고 싶은 마음에 컵 안으로 들어가는 모습 등 누구도 흉내낼 수 없는 나만의 생각으로 이 컵을 담아내는 부분이 쉽지 않았다. 그렇게 나만의 해석과 의미가 담긴 그림은 결코 타인이 복제할 수 없는 부분이기도 하다.

같은 재료로 음식 하나를 만들더라도 사람의 해석과 상상력을 담아 만든 음식은 특별하다. 재료는 시장 가서 똑같이 구매할 수 있지만 사람의 생각은 그대로 가져올 수 없기에 생각이 만든 음식은 좀처럼 예측하기가 어렵다. 세비야의 이름난 맛집 '에스라바'가 사람들에게 큰 사랑을 받는 이유는 음식에 상상력을 불어 넣었기 때문이라고 생각한다. 시장에서 사온 싱싱한 재료를 재해석하여 전혀 엉뚱한 음식을 만든다. 재료에 또 다른 혼이 입혀지는 것이다.

문어 요리라고 하면 문어를 통째로 삶거나 구워 형태를 최대한 살린 문어를 접시에 올려 제공하는 곳이 대부분이다. 하지만 에스라바의 타파스는 문어 요리를 만드는데 전혀 어울리지 않을 것 같은 '담배'를 모티브로 삼았다. 섬세하게 담뱃재까지 재현해서 멀리서 보면 진짜 담배라고 착각할 만큼 신경을 많이 쓴 흔적이 보인다. 어느 누가 이 담배를 보고 그 안에 먹물 문어가 들어갔으리라 상상을 할 수 있을까? 타파스를 보고 한 번 놀라고 한 잎 물었을 때 문어맛이 느껴져 다시 한 번 놀란다! 단순히 타파스 하나지만 그 작은 조각에 의외의 행복이 숨어있다. 음식이 아니라 예술을 음미하는 기분이라고 할까? 많은 언론 매체와 세비야 시 역시도 이 타파스 바에 반했는지 미슐랭은 수년째 이곳에 별을 부여했고, 세비야 시에서도 세비야를 대표하는 타파스 가게로 선정하는 등 수상 이력이 화려하다. 가격 역시도 합리적이라 마음에 드는데 담배 타파스 하나에 4000원 정도이다. 수년째 미슐랭에 오르는 가게의 타파스 치곤 저렴하다는 생각까지 들 정도이다.

001 & 002   에스라바의 문어 요리

003   에스라바의 외부 모습

　　살면서 얼마나 많은 감동과 감탄을 할까. 그저 스쳐가는 일상 속에 몸을 맡기다보면 어떠한 감동과 감탄 없이 하루가 지나가버린다. 이렇게 의외의 놀라움을 제공하는 가게를 보면 기쁘다. 음식 전공이 아닌데다 배운 적도 없는 내가 음식을 보고 향미, 맛, 질감 등을 논하기는 어렵다. 하지만 음식에 대해 문외한인 나조차 재미있는 타파스를 만나면 설렌다. 맛있는 것은 기본이고 호기심이 생겨 다른 타파스도 기대가 된다. 앞으로 세비야에는 많은 음식점이 생기고, 다양한 산업이 발전할 텐데 가장 본질은 무엇을 만들든 사람에게 '마음의 울림'을 줄 수 있느냐가 아닐까 생각해본다. 단순히 문어 요리를 만들더라도, 피조개를 굽더라도 이것을 보고, 먹는 사람에게 의외의 재미, 의외의 놀라움, 마음의 울림을 전달한다면 그것이 타파스든 다른 산업이든 분명 오랫동안 사랑을 받지 않을까? 오늘도 이렇게 소소한 재미, 의외의 기쁨을 만끽하기 위해 여행을 하며 타파스를 맛본다. 독창적인 생각으로 사람들에게 기쁨을 주는 타파스가 많이 생겼으면 하는 바람이다.

에스라바 ESPACIO ESLAVA

위   치   세비야 대성당에서 히랄다 탑 방향으로 걷는다. 코너를 돌아 두 번째 골목길에(Calle Hernando Colón) 진입한다. 그 방향으로 8분 정도 걷다가 큰 대로(Calle Conde de Barajas)가 나오면 좌회전하여 수퍼마켓이 보이는 방향으로 간다. 그러다가 Pl.de S Lorenzo 골목이 보이면 그 길로 3분 정도 걸으면 찾을 수 있다.

주   소   ESLAVA, 3, 41002 SEVILLE, SPAIN

전화번호   +34 954 91 54 82

영업시간   12:30 ~ 24:00

가   격   담배 타파스 3.1€, 솔로미요 타파스 1.2€, 살모레호 2.9€, 크로켓 2.9€

세비야에서 가장 오래된 타파스 바
엘 린콘시요

블로그를 운영한지 벌써 6년이란 세월이 흘렀다. 인스타그램도 시작한지 벌써 2년째이다. 이제 내 이야기를 담는 또 하나의 분신이자 삶의 일부이기도 하지만 가끔 몸이 피곤할 때면 아무것도 하고 싶지가 않다. 6년이란 기간, 아무리 오랫동안 애정을 기울여도 때론 귀찮을 때도 있고 벗어나고 싶을 때도 있다. 아무리 사랑하고 좋아해도 그 마음을 온전히 지속하기란 결코 쉬운 일이 아니다. 블로그 뿐만 아니라 그림, 글쓰기, 운동 등 살면서 뭐하나 5년 이상 꾸준히 지속하는 것은 결코 의지의 문제가 아니다. 지속의 힘이 무엇보다 어렵다는 것을 잘 알기에 '몇 년 전통'이라는 말이 붙으면 일단 신뢰가 간다. 술 한잔에도 오랜 세월의 전통이 더해지면 그 의미가 달라지는 법이다.

0 0 1　엘 린콘시요의 입구

　이런 맥락에서 '엘 린콘시요'는 '세비야에서 가장 오래되었다'는 이야기만 들었을 뿐인데도 가고 싶은 이유가 충분했다. 300년의 시간을 보낸 타파스 바는 어떤 이야기를 담고 있을까? 수백 년 동안 사람들의 사랑을 받은 이유는 무엇일까? 궁금증을 가득 안고 세비야에서 가장 오래된 타파스 바로 향했다.

　300년 전부터 영업을 한 타파스 가게라고하면 무척 낡고 허름할 것이라고 생각했지만 생각보단 내 눈엔 세련된 가게로 보인다. 일주일 내내 세비야 구 도심지에서 적어도 800년 이상의 건축물만 계속 바라봐서 그런지 300년 전의 타파스 바는 외관상 특별할 것도, 이상할 것도 없었다. 하긴 세비야같이 오랜 역사를 지니고 있는 도시에 이제 막 갓 지어진 매끈한 콘크리트 건물이 놓여있으면 그 건물이 더 어색하게 보일 것 같다. 클래식한 멋이 느껴지는 문을 빼꼼히 열고 들어가면 300년간 사랑을 받은 타파스 바의 속살이 보인다. 평범해 보이기까지 했던 외관과 다르게 실내는 시간을 거슬러 옛 스페인의 모습을 여지없이 보여준다. 오래된 와인병과 골동품처럼 보이는 낡은 시계가 벽장에 아무렇게나 놓여 이 장소의 역사를 그대로 드러내고 있다. 일하는 직원 역시 나이가 지긋한 할아버지들이 많아 이곳의 오랜 역사를 보여주는 것만 같았다. 수백 년 동안 사랑을 받아온 장소답게 어찌나 사람들이 왁자지껄하고 많은지 단번에 이 타파스 바의 인기를 실감할 수 있을 정도였다.

사람들이 서로 대화를 신나게 하고 있는 사이를 비집고 들어가 직원에게 타파스 한 접시를 주문하고 싶지만 좀처럼 쉽지가 않다. 직원들도 하나같이 정신없이 분주한 모습이다. 사람들이 서로 이야기하고 있는 모습에 살짝 기가 죽어 두리번거리는 찰나 어떤 직원이 내게 와 말을 건넨다.

"아가씨, 여기! 여기 이렇게 합석하면 돼!"

전혀 모르는 스페인 사람들과 합석을 하라고 한다. 괜히 다른 사람을 불편하게 만들면서까지 타파스를 먹고 싶은 생각은 없어 괜찮다고 하며 나가려는데 내 생각도 모르고 계속 눈을 동그랗게 뜨며 부끄러워하지 말라고 한다. 이 모습을 본 스페인 사람들도 타파스를 추천해 준다.

심지어 자신들이 먹고 있던 시금치 병아리콩 타파스에스피나카스 콘 가르바소스를 맛보라고 한 숟가락 건네주어 결국 합석을 하게 되었다.

메뉴판을 훑어보니 오랜 세월 굳건하게 자리를 지킨 터줏대감 타파스 바답게 오랜 세월동안 세비야 현지 사람들이 즐겨 먹는 타파스를 팔고 있었다. 타파스 한 접시를 머릿속에 떠올려보면 꼬챙이에 꽂힌 빵, 치즈, 토마토 요리가 생각나는데 내가 알고 있는 타파스는 아주 일부분이었다. 수많은 스페인 요리가 있다면 그 요리의 1인분 분량, 그 분량의 한 접시를 타파스라고 통칭하고 있었던 것이다. 그래서 메뉴판을 살펴보면 대부분의 요리 이름 옆에 타파 메뉴가 별도로 붙어 있었다. 우리나라로 보자면 김치찌개 전골도 팔고 있지만 맛만 볼 수 있도록 1인분 분량의 메뉴도 팔고 있는 격이었다.

배가 고파 고기 타파스인 솔로미요SOLOMILLO를 시켜보기로 했다. 직원에게 솔로미요 타파스 한 접시를 달라고 하니 내가 앉은 그 자리에 하얀 분필로 3.1이라는 숫자를 쓴다. 앉아있는 테이블이 곧 계산서이다. 얼마 지나지 않아 주문한 솔로미요가 나왔다. 스페인 전역에서 맛볼 수 있지만 세비야의 솔로미요는 위스키를 넣어 만들었다는 점에서 특별하다. 엘 린콘시요의 솔로미요 역시 위스키를 넣어 만들었는지는 모르겠지만 연한 육질의 고기에 바삭한 감자튀김이 함께 나와 타파스 한 접시가 한끼 식사와 거의 맞먹을 정도이다. 옆 테이블 사람들은 병아리콩 요리를 먹고 앞에 앉은 사람들도 살모레호를 먹는 것을 보니 대부분 안달루시아의 전통 요리를 타파스로 먹고 있다. 타파스와 함께 맥주나 와인 한잔을 마시며 가게가 떠나가라 다들 대화를 나누고 있다.

　　과거의 향수를 불러일으키는 배경 안에서 시끌벅적한 대화 소리와 함께 세비야 전통 타파스를 먹으니 왠지 이곳이야말로 가장 '세비야스럽다'는 생각이 든다. 세비야라는 도시와 같이 오래된 전통과 함께 아랍 사람들로부터 전해져 내려온 손맛을 느낄 수 있고, 타파스 한 접시라면 언제 어디에서든 왁자지껄 대화를 나눌 수 있는 사람들의 모습이 딱 세비야라는 도시 자체를 보여주는 것 같다.

　　전통이 있다는 것은 달리 말하면 어느 환경이든 유연하게 잘 적응해왔다는 소리이다. 환경에 유연하게 적응하는 음식점, 가게를 보면 꾸밈없이 가장 자연스럽게 고유의 색깔을 지닌 곳들이다. 할머니에게 전해 내려온 레시피, 향수를 불러일으키는 물건, 낡은 테이블, 시끄러운 사람들의 대화소리까지 솔직하다. 이 장소의 진솔한 색깔을 버리지 않는다면 세상이 아무리 변한다 하더라도 전통을 지킬 수 있으리라 생각한다. 언제 찾아가더라도 가장 세비야다운 모습으로 정통을 지켜 나가길 바란다.

엘 린콘시요　EL RINCONCILLO

위　　치　세비야 대성당에서 히랄다 탑 쪽으로 걷되 코너를 돌지 않고 Calle de Placentines 방향으로 걷는다. 2분 정도 걷다 우회전하여 Calle de Placentines 쪽으로 직진한다. 다시 우회전하여 Calle Argote de Molina에 진입하여 그 길로 8분 정도 걷는다. (세비야 구도시는 골목이 미로같이 엉켜있어 구글 내비를 켜고 다니는 것을 추천한다.)

주　　소　CALLE GERONA, 40, 41003 SEVILLA, SPAIN

전화번호　+34 954 22 31 83

영업시간　13:00 ~ 01:30

가　　격　솔로미요 타파스 3€(식사의 경우 13€), 엔살라다 2.2€,
　　　　　　연어 타르타르 3.5€(식사의 경우 10.5€),
　　　　　　타파스의 경우 대부분 2.5€ ~3.5€ 사이

현대적인 감각이 있는
살 고르다

세비야의 타파스 가게는 크게 아주 오래전부터 전해져 내려오는 전통요리를 맛볼 수 있는 곳과 타파스를 현대적으로 재해석한 맛집으로 나눠볼 수 있다. '살 고르다'는 후자에 속하는 타파스 가게이다. 사람으로 치면 생기발랄한 20대의 청춘을 만나는 것 같다. 좁은 골목길 사이로 검은 철제 프레임에 모던한 하얀 정사각형 간판이 걸려있는 살 고르다는 멀리서 봐도 세련된 가게임을 금방 알아차릴 수 있다. 제 아무리 세련되어도 담겨있는 컨텐츠가 별로라면 눈길이 가지 않을 텐데 이곳은 세비야 젊은이들뿐만 아니라 관광객들 사이에서도 이름이 알려져서인지 저녁 치고는 이른 7시경 찾아가도 벌써 사람들이 가득 차있다.

살 고르다의 아호 블랑코

    어렵게 자리를 잡아 앉은 뒤 메뉴를 살펴보니 하나같이 현대적으로 재해석하여 만들어 어디가도 쉽게 찾아보기 어려운 타파스들이다. 심지어 우리나라의 김치를 재해석해 만든 요리도 보인다. 이미 점심을 푸짐하게 먹어 가벼운 스프 요리를 먹어보기로 했다. 독특한 현대식 요리 사이로 안달루시아의 전통 요리인 '아호 블랑코'가 보인다. 더운 여름날에 주로 떠먹는 차가운 스프이지만 대성당에서부터 살 고르다까지 10분가량을 꽤 잰걸음으로 걸어와 시원한 수프를 한입 먹고 싶었다. 게다가 이 현대적인 가게가 전통요리는 과연 어떤 식으로 만들지도 궁금했다.

이 지역의 전통요리인 아호 블랑코는 하얀 수프이다. 건물 벽면의 시멘트 색처럼 새하얗지는 않고 약간 노르스름하게 콩국수 국물이 연상된다. 죽보다는 묽지만 또르르 흘러내리는 액체보다는 질감있는 제형을 지니고 있다. 하얀 가스파쵸라고 불리는 수프는 콩이 아닌 아몬드를 갈아 만든 스프라 고소한 맛이 느껴진다. 마늘도 함께 넣어 자칫 느끼할 수도 있는 맛에 살짝 매콤한 맛을 더한다. 이곳의 아호 블랑코는 참치 몇 점을 잘게 썰어 참깨와 함께 위에 올려놓았다. 그 모양이 반달처럼 보여 하얀 도화지 안에 넣은 그림 같다.

유리창 너머에 있는 주방 사이로 3명의 직원들이 쉴 새 없이 들락날락 바쁘게 움직인다. 사람이 몰리면 직원들 입장에서 지칠 만도 한데, 경쾌한 발걸음으로 누가 들어오건 "올라!"하고 응대를 한다. 미소를 띤 얼굴로 가게의 추천 메뉴를 설명해주고 그 메뉴에 들어가는 재료에 대한 설명도 자세히 들려주는 모습에서 이 가게의 활기가 느껴진다.

'청춘'은 어떤 에너지라고 생각한다. 나이를 떠나 반짝반짝 빛나는 생기와 같다. 무언가에 대한 열정과 도전, 감각이 한꺼번에 들어있어 주변 사람들의 마음까지도 움직일 수 있는 것이 청춘이라 생각한다. 음식을 만드는 것도 하나의 창작이다. 사실 창작에 정해진 정답이란 없다. 단지 자신의 생각을 표현할 수 있는 용기만 필요할 뿐이다. 세상 어디에서도 본적이 없는 타파스라도 자신이 맞다 생각하면 용기 있게 선보인다. 이런 맥락에서 살 고르다는 가장 청춘다운 타파스 바라고 생각한다. 용기 있는 그들의 맛에 대한 해석과 뜨거운 열정이 느껴지는 서비스가 어우러져 수천 개의 타파스 바 중에서도 청춘이 아닐까 생각해본다.

살 고르다 SAL GORDA

위 치 세비야 대성당에서 히랄다 탑 쪽으로 걷되 코너를 돌지 않고 Calle de Placentines 방향으로 걷는다. 약국이 보이면 북서쪽 방향에 있는 Calle Francos 골목으로 들어간다. 그 방향으로 약 7분간 걷다가 우회전하여 Plaza Jesus de la pasion으로 직진한다.

주 소 CALLE ALCAICERÍA DE LA LOZA, 17, 41004 SEVILLA, SPAIN

전화번호 +34 955 38 59 72

영업시간 13:00~16:30, 20:00~24:00

가 격 엔살라다 7€, 가스파쵸 3.4€, 아호 블랑코 3.9€, 솔로미요 3.5€,
와인 한 잔 2.9~ 3.6 €,

트리아나 지구의 사랑방, 트리아나 시장

MERCADO DE TRIANA

세비야에는 대표적인 재래시장이 2곳 있다. 한 곳은 오랜 전통이 있는 '페리아 시장'이고 다른 한 곳이 여행객들이 주로 찾아가는 트리아나 시장이다. 규모는 페리아 시장이 좀 더 큰데 약 80여 개의 상점에 건물도 각각 나뉘어 있어 다양한 식료품을 한꺼번에 구매할 수 있다는 장점이 있다. 트리아나 시장은 30여 개의 가게가 있어 페리아 시장보다 규모는 작지만 세비야의 구 도심지와 비교적 가까운데다 숙박시설이 많이 몰려있는 트리아나 지구와의 접근성이 좋은 편이다. 모여서 대화를 나눌 수 있는 공간이 많아 주변 지역 사람들에게 인기가 꽤 좋고 게다가 실내 시장이라 여행 중에 비가 올 때 찾아가기에도 제격이다.

개인적으로 이 시장을 좋아하는 이유는 간판 타일 때문이다. 스페인은 로마, 이슬람, 가톨릭의 영향을 모두 받았는데 세라믹 타일은 이슬

람 통치권에 있을 때 전해져 내려온 문화 중 하나이다. 많은 도시 중 스페인 남부 지역이 타일 공예로 특히 유명해 세라믹 공방도 인근에서 쉽게 찾을 수 있다. 타일 공예가 유명한 세비야의 시장답게 시장 간판들을 타일로 만들었는데 식물의 줄기를 엮어 패턴으로 장식한 타일의 문양과 손 글씨가 아름답게 어우러져 시장을 한층 돋보이게 하는 역할을 하고 있다.

사람들이 자주 모이는 장소답게 뜨개질 공방이라든지 주점이 있어 다들 이곳에서 대화를 나눈다. 특히 뜨개질 공방은 갈 때마다 스페인 현지 여성분들이 6명 이상 모여 앉아 다들 저마다의 작품을 만들고 있었다. 어렸을 적 레이스가 달린 공주 옷을 입고 싶었건만 엄마는 늘 내게 요란한 털이 달린 뜨개질 옷을 입혀주시곤 했다. 두꺼운 털 탓에 입을 때마다 산적같아서 입기 싫었지만 내 의사와는 상관없이 늘 엄마가 만들어주신 뜨개질 옷을 입어야만 했다. 이곳 아주머니도 자신들의 자식들을 위해 옷을 지으시는지 옷의 크기며 모양이 작은 편이다. 아주머니들이 모여앉아 뜨개질하는 모습을 보니 엄마가 생각나 뜨개질 공방 안으로 들어가 보기로 했다.

뜨개질에 열심히 열중하는 아주머니들은 동양에서 온 외국인에 관심을 보인다. 뜨개질 공방에 찾아온 외국인이 흔치는 않은지 오랜만에 찾아온 방문객에 사람들은 서로 질문을 하기 시작한다. 어디에서 왔는지, 스페인에 얼마나 있는지, 어디를 가보았는지 등등을 물어보는데 알아듣는 문장마다 조금씩 대답을 하면 그 모습에 무척 즐거워하신다. 엄마에게 선물할 실타래를 하나 샀더니 본인들이 쓰다가 만 다른 실타래도 몇 개 넣어주신다. 안 그래도 된다고 손사래를 쳐도 막무가내로 실타래를 선물로 주고 크리스마스 기간이라고 마자판 과자까지 손에 쥐어준다.

친절한 사람들을 뒤로 하고 다른 가게들을 살펴보니 뚜론, 치즈, 소시지와 같은 식료품을 파는 가게가 보인다. 재미있는 점은 시장 안에 플라멩코 공연장이다. 시장 안에 작은 공연장이 있어 시장에 또 하나의 문화를 만들고 있다. 시장바닥이라고 마냥 저렴한 가격의 식료품만 파는 것이 아니라 꽤 오랜 경력의 수준높은 무용수와 악단을 데려와 공연을 해 시장의 위상도 함께 높이는 격이다. 트리아나 시장의 플라멩코 공연장은 9명의 사람들이 들어가면 가득 찰 정도로 작은 곳이지만 그래서 훨씬 공연에 몰입할 수 있다. 춤, 노래, 악기 연주를 아주 가까이서 볼 수 있어 공연자들의 숨소리 하나하나 생생하게 들을 수 있을 정도이다. 플라멩코는 인생의 한, 설움, 희로애락을 모두 표현하는 종합 예술이기 때문에 되도록 가까이서 공연하는 사람의 표정 하나하나를 보며 감상하는 것이 중요하다. 그래서 시장 안에 있는 이 작은 공연장을 개인적으로 좋아한다.

어느 순간부터 '장을 본다'고 하면 시장이 아니라 대형 마트를 먼저 떠올리게 되었다. 내가 대형 마트에서 직원과 마주하는 시간이라곤 고작 물건을 사서 계산대에 올려놓는 순간이다. 효율적이지만 오고가는 정은 없다. 세비야 트리아나 시장에서는 나라도 다르고 문화도 다르지만 시장이라는 한 공간 안에서 만나 사람 사이의 정을 느끼고 간다. 꽤

찮다고 해도 실 한 타래를 더 얹어주고 가까이서 사람의 숨결을 들어볼 수 있다. 그래서 한 도시의 문화와 삶을 가장 가까이서 느껴보려면 시장에 가야 한다고 생각한다. 음식을 보고 동네 사랑방에서 사람을 만나다보면 새로운 문화를 자연스럽게 접할 수 있기 때문이다.

트리아나 시장 MERCAT DE TRIANA

위　　치　세비야 대성당에서 히랄다 탑 반대 방향으로 도보로 3분 정도 걸어Plaza de la centratacion으로 가 C5번 버스를 탄다. 정류장 4개를 지나 Reyes Catolicos에서 내린 다음 다리를 건너면 찾을 수 있다.

주　　소　CALLE SAN JORGE, 6, 41010 SEVILLA, SPAIN

전화번호　+34 674 07 40 99

영업시간　09:00~24:00

가　　격　엔살라다 7€, 가스파쵸 3.4€, 아호 블랑코 3.9€, 솔로미요 3.5€, 와인 한 잔 2.9~ 3.6 €,

세비야의 부엌을 책임지는 페리아 시장

FERIA MARKET

세비야에 푹 빠진 뒤 스페인에 갈 때마다 세비야를 들리곤 했다. 숙소를 항상 트리아나 지구에 잡아 트리아나 시장은 비교적 자주 갔었지만 페리아 시장은 상대적으로 거리가 꽤 멀어 발길이 가지 않았다. 그러던 중 에어비앤비 주인 아주머니와 대화를 하면서 페이라 시장이 식료품이 꽤 좋기로 유명하다는 사실을 알게 되어 내가 머물렀던 트리아나 지구에서 가긴 꽤 불편했지만 버스를 타고 가보기로 했다.

트리아나 지구에서 버스를 타고 약 15분 정도 사면 페리아 시장 부근에 다다른다. 13세기에 지어진 아름다운 교회 옆에 페리아 시장이라고 적힌 간판이 보인다. 오랜 전통이 묻어있는 시장인 만큼 트리아나 시장에 비해 가게가 약 2.5배 정도 많아 보인다. 생선가게, 정육점, 채소가

게, 빵집 등 80여 개의 가게가 시장 안에 모여 있다. 시장 내 각각 독립
된 건물마다 종류별로 가게들이 모여있다. 생선가게만 건물 하나, 채소
나 과일 가게는 또 따로 건물 하나 형태이다. 그래서 해산물의 비린내와
정육점의 고기 냄새가 뒤섞이지 않고 깔끔하게 운영되고 있다.

독특한 점은 꽃가게이다. 꽃의 상태를 유지해야 되기 때문에 보통 꽃
가게는 시장 입구 쪽에있는 경우가 많은데, 이곳 페리아 시장의 꽃가게
는 생선을 파는 해산물 구역에 위치하고 있다. 사람들은 생선을 사면서
동시에 꽃 한 다발 사가곤 한다. 서로 안 어울리는 것 같으면서도 의외
로 생선가게들 사이에 있는 꽃가게가 성황인 것을 보면 일상 속에서 꽃
을 가까이 한다는 게 아닐까 생각해 본다.

상품 진열도 예사롭지 않다. 안달루시아의 햇살을 가득 담은 과일로 하나의 건축물을 만들었다. 차곡차곡 탑을 쌓아 올려 멀리서보면 과일 예술작품처럼 보인다. 게다가 과일은 저렴하기까지 해서 어느 한 사람 그냥 지나치지 않는다. 얼마인지 물어보고, 과일의 상태를 꼼꼼히 보면서 결국 지갑을 연다.

한쪽 구석에는 찻잎을 파는 가게도 성황이다. 가게 한 가득 찻잎을 모은 통을 쌓아 올려 언뜻 봐도 수십 가지의 차가 진열되어 있다. 세비야에서만 찾아볼 수 있는 몇 가지 찻잎도 소개해준다. 계피향이 살짝 나는 블랙티는 세비야 전통차로 조금만 마셔도 금세 몸이 따스해짐을 느낄 수 있다.

세비야 사람들의 부엌을 책임지는 가장 큰 시장답게 식료품 가게는 없는 반찬이 없을 정도로 종류가 다양하다. 스페인 요리에 관심이 있다면 이곳에서 한 번에 해결이 가능할 정도로 각종 소스, 고기, 곡물 등을 팔고 있다. 하몽, 초리조, 살라미 등 여러 소시지가 천장에 주렁주렁 매달려 있는 모습이 장관이다. 수십 가지 종류의 소시지가 가판대 두 개

를 모두 차지하고 한꺼번에 진열되어 있고, 바로 밑 냉장 보관함에는 각종 치즈가 있다. 집 반찬으로 주로 먹는 절인 올리브나 곡물도 역시 판매하고 있다. 식료품점은 g 단위로 판매를 해서 원하는 양만큼 구매를 할 수 있다.

식료품을 구경한 뒤 허기가 질 때 즈음 베이커리와 타파스 바가 보인다. 앙증맞은 크기의 코코넛 쿠키가 오밀조밀 진열되어 있다. 또 다른 구석에서는 군밤과 군고구마를 팔고 있어 군것질로 그만이다. 거기에 신선한 오렌지 주스까지 더한다면 한 끼 식사는 해결이다. 시장에는 제철 채소, 신선한 육류로 만든 타파스를 판매하는 곳도 있다. 내 배가 조금만 더 가벼웠다면 타파스 바까지 도전을 했겠지만 시장 안에서 군것질할게 넘쳐나 도전하지 못했다. 하지만 다시 에어비앤비 숙소로 돌아와 아주머니와 이야기 하다 보니 시장 안의 타파스 바가 맛있기로 정평이 난 곳이라 한다. 다음번 숙소를 다시 잡는다면 이번엔 페리아 시장과 가까운 곳에 잡아 시장의 타파스까지 도전해 봐야겠다. 하지만 자신은 없다. 시장을 조금만 돌아다니다보면 군데군데 먹을 곳이 넘쳐나 한입 두입 집어 먹다보면 어느새 내 배는 풍선같이 부풀어 오를 테니 말이다.

〜〜〜〜〜〜〜〜〜〜〜〜〜〜〜〜〜〜〜〜〜〜〜〜〜〜〜〜〜〜

페리아 시장 FERIA MARKET

 # 위　치 세비야 대성당에서 히랄다 탑 쪽으로 간 다음 Calle Alemanes 방향으로 걷는다.
세비야 택시 회사 건물, 은행이 보이면 그 사잇길(Calle Hemando Colon)로 10분
정도 걷는다. Plaza del Duque de la Victoria가 보이면 그곳에서 14번 버스를
타고 3 정거장 지나 Felia에서 내리면 찾을 수 있다.

 # 주　소 PLAZA CALDERÓN DE LA BARCA, S/N, 41002 SEVILLA, SPAIN

 # 전화번호 +34 693 82 47 92

 # 영업시간 08:15~20:00

 # 가　격 세비야 블랙티 75g 3.5€, 살치촌 100g 2€, 초리조 100g 2€, 귤 1kg 1€,
코코넛 쿠키 2.75€, 꽃 한 다발 3.5€

〜〜〜〜〜〜〜〜〜〜〜〜〜〜〜〜〜〜〜〜〜〜〜〜〜〜〜〜〜〜

오렌지 와인이 맛있는
타베나 알바로 페레힐

처음 세비야에 도착했을 때 오렌지 나무가 가로수로 길게 늘어서 있어 놀랐었다. 요즘에야 마트에서 오렌지를 쉽게 구한다 해도 초등학교 때만 하더라도 귀한 과일 대접 받던 오렌지에 대한 기억이 어렴풋이 난다. 큰 마트에서나 볼 수 있었던 오렌지가 이렇게 거리에 굴러다니고 있다니... 세비야 전역에는 수백 그루의 오렌지 나무를 심어놓아 거리마다 향긋하게 퍼지는 오렌지향이 감미롭다. 워낙 오렌지가 지천에 깔려있어 그런지 오렌지에 관한 아이템을 꽤 많이 찾아볼 수 있는데 오렌지 주스는 물론이고, 오렌지 비누, 오렌지 빵 심지어 오렌지 와인까지도 만나볼 수 있다.

오렌지 와인! 와인은 포도로만 만드는 줄 알았는데 워낙 많은 오렌지 생산량을 자랑하는 장소라 그런지 오렌지로 와인을 만든다는 사실 자체가 신선한 충격이었다. 오렌지 와인을 맛보기 위해 현지인에게 추천을 받아 '타베나 알바로 페레힐'을 찾아갔다. 세비야 대성당 근처에 몰려있는 수많은 가게들처럼 주변이 사람들로 복작복작하다. 가게 앞에는 앉을 수 있는 테이블이 있지만 손님들 대부분이 이미 얼큰하게 취한 상태로 일어서 맥주나 와인 한 잔씩 들고 대화를 나누고 있다.

가게는 벽을 사이로 두 곳으로 나뉘어있다. 한곳은 술만 파는 곳이고 다른 한곳은 앉아서 타파스와 술을 마실 수 있는 곳이다. 타파스 대신 오렌지 와인을 맛보기 위해 찾은 곳이라 술만 파는 곳으로 가보기로 했다. 4명 정도 들어가면 꽉 찰 정도의 공간에 직원 1명이 손님들을 응대하고 있다. 이 가게도 꽤 전통이 있는지 언뜻 봐도 가게 안에 세월의 흔적이 담긴 포스터나 골동품이 보인다. 술집이지만 어울리지 않게 성모 마리아 포스터가 걸려있어 호기심을 불러일으킨다.

수많은 사람들이 오렌지 와인을 찾아서 그런지 "올라!"라고 인사를 건네자마자 가게의 직원분이 자동으로 "오렌지 와인?"이라고 물어본다. 고개를 끄덕이자 직원이 뒤로 돌아 언뜻 작은 서랍장처럼 보이는 냉장 보관실 문을 열고 빨간 주전자를 꺼낸다. 보통 와인 한 잔을 주문하면 길다란 와인병에서 오목하고 투명한 잔에 우아하게 따라 주는 그림이 떠오르건만 이곳의 오렌지 와인은 내 통념과는 완전히 다른 모습이었다. 투박한 투명 유리잔에 가정집에서나 볼 법한 주전자를 꺼내 갈색 액체를 따라주는데 우아하진 않았지만 덕분에 물을 마시는 기분으로

편하게 오렌지 와인을 접할 수 있었다. 와인을 한 잔 따라주더니 잔을 내려놓은 옆에 분필로 글자를 슥 쓴다. 이 가게도 탁자가 곧 계산서인 셈이다. 돈을 지불한 뒤 오렌지 와인을 입가에 대니 오렌지향이 약간 달게 느껴진다. 와인을 한 모금 넘겨보니 참 달다. 쓴맛이나 떨떠름한 맛보다는 단맛이 깔끔하게 느껴진다. 타파스를 먹고 오렌지 와인을 한 모금 마시면 완벽한 식사가 되겠다 싶을 정도이다. 그래서 그런지 짧은 시간이지만 타파스를 먹고 오렌지 와인을 찾으러 오는 사람이 제법 많다.

와인을 마시러 오는 사람도 있었지만 직원에게는 가지도 않고 술집 안 옷장처럼 보이는 곳으로 향하는 사람도 꽤 보인다. 옷장처럼 보이는 철제문을 열어보니 그곳은 다름 아닌 화장실이었다. 세상에나 그 작은 공간 안에서 오렌지 와인도 판매하면서 화장실도 함께 있고 한쪽 벽면에는 성모 마리아가 그려져 있다니 참 독특한 가게라는 생각이 든다. 여기서 와인을 한 모금, 두 모금 마시다보니 잔이 거의 비워질 때 즈음 작은 가게 안에 한가득 오렌지 향이 퍼진 것 같다. 취기가 오른 탓인지 오렌지 와인을 무척 맛있게 마신 탓인지 평소 같았으면 낡고 더럽다고 가까이 가지도 않았을 가게이지만 꽤 재미있고 사랑스러운 다락방처럼 느껴진다. 아마 다들 나와 비슷한 생각인지 반쯤 취한 상태로 편안하게 이곳에서 대화를 하고 계속 와인을 홀짝홀짝 마신다.

여행의 맛은 일상 속에 있다. 미슐랭 5스타, 관광객을 위한 맛집도 좋지만 현지인들이 취하고, 대화하고, 자주 찾는 곳에 지역의 맛이 들어있다. 오랫동안 맛을 못 잊고, 좋은 기분에 휩싸이는 경험은 사실 전혀 거창하지 않은 경우가 많다. 오늘도 독특한 와인 한 잔에 내 행복 레시피가 하나 더 늘었다. 현지인들 틈에 섞여 그들이 마시는 와인을 나도 함께 마시니 문화를 함께 공유하는 것만 같다. 언젠가 내가 세비야를 그리워하는 순간이 있다면 그곳에서만 맛볼 수 있는 독특한 맛 때문이 아닐까.

타베나 알바로 페레힐 TABERNA ALVARO PEREGIL
WWW.TABERNASPEREGIL.COM/INDEX.HTM

위   치   세비야 대성당에서 Calle Mateos Gago 방향으로 3분 정도 걸으면 찾을 수 있다.

주   소   41004, CALLE MATEOS GAGO, 22, 41004 SEVILLA, SPAIN

전화번호   +34 954 21 89 66

영업시간   오후 1:00~5:00, 오후 8:00~오전 12:30

가   격   솔로미요 알 위스키(타파) 4€, 플라멩퀸 6.8€,
에스피나카스 콘 가르바소스 3.2€, 오렌지 와인 1잔 1.2€

그 밖에 추천하는 오렌지 와인 맛집, 비네리아

비네리아는 오렌지 와인뿐만 아니라 다양한 종류의 와인으로 이름이 알려져 있다. 세비야 버스 터미널과 가까이 있어 걸어서도 충분히 이동할 만한 거리이다. 사람들이 많아 대기해야 하는 경우도 발생한다. 하지만 달콤한 오렌지 와인을 한 모금 맛본다면 기다리는 시간이 아깝지 않을 정도이다.

가게 한쪽 구석에는 유리 벽면으로 둘러싸인 와인 창고가 마련되어 있는데 와인만 따로 사가는 사람도 꽤 많다. 고속 버스를 타고 세비야에 도착했다면 이곳에서 오렌지 와인 한잔을 마시고 여행을 시작하는 것은 어떨까? 오렌지 향을 입가에 머금고 여행을 한다면 오렌지 빛깔의 도시 세비야와 더욱 가까워지지 않을까?

비네리아 산 텔모 VINERIA SAN TELMO

 # 위   치 세비야 버스 터미널(Los Amarillos S.L.)에서 공원(Jardin de murillo) 방향으로 3분 정도 걷는다. 공원이 보이면 우회전하여 Av. de Menéndez Pelayo 방향으로 3분 정도 걸은 뒤 좌회전하여 Paseo de Catalina de Ribera로 가면 찾을 수 있다.

 # 주   소 PASEO DE CATALINA DE RIBERA, 4, 41004 SEVILLA, SPAIN

 # 전화번호 +34 954 41 06 00

 # 영업시간 13:00 ~ 01:30

 # 가   격 오렌지 와인 1잔 3.3€, 상그리아 1잔 2.6€, 사과 절임과 푸아그라 6.2€, 머스타드 소스와 소 안심(타파스) 6.4€, (타파스는 보통 2.5€ ~3.5€ 사이)

낯선 나라에서
낯선 음식을 먹는다는 것

평소 생각이 많아 내가 하는 일에 대해 종종 내 자신에게 질문을 건네 본다. 내가 음식점 사장도 아니고, 더군다나 한국과 8시간 이상 떨어진 남의 나라 음식점을 왜 소개하고 있는 것일까? 자신에게 물어보았다. 책을 통해 이 가게를 가라, 저 요리가 맛있다, 맛없다, 이런 내용을 소개하고 싶지 않았다. 스페인의 요리 종류는 사실 백과사전만 펼쳐도 어느 정도 나와 있다. 객관적인 이야기 말고 좀 더 관심을 가질 수 있는 이야기를 하고 싶었다. 고지식한 영감님 이야기가 아니라 그냥 뭐든 푸지게 먹는 친구가 해주는 맛있는 이야기를 들려주고 싶었다. 왜냐하면 낯선 환경에 유연해졌으면 좋겠다는 바람이 있기 때문이다.

나는 아닐 줄 알았는데 서른을 넘기고부터 관성이 생겼다. 익숙함이 편해지는 시점이 온 것이다. 익숙한 사람을 만나고 익숙한 언어를 쓰고 익숙한 일을 할 때 내 마음이 가장 편했다. 나도 참 내 틀에서만 사는 사람인데 남편도 만만치 않았다. 참고로 남편은 태어나서 스페인은커녕 전라도도 안 가본 사람이다. 그런 남편을 데리고 내 딴에는 나에게 가장 익숙한 장소를 골라 데려갔다. 당연히 그 장소는 내가 가장 익숙한 스페인의 타파스 바였고 남편은 한 번도 안 가본 장소였다. 당연히 그에겐 익숙하지 않은 장소였겠지만 처음 접한 스페인 음식과 건축, 레스토랑의 분위기에 눈이 동그래졌다. 생전 처음 보는 스페인 요리가 어쩐지 손에 잡히지 않았겠지만 한번 먹으면 의외로 맛있다며 하루 종일 그 맛에 대해 회상을 하며 이야기를 한다. 반대로 나는 스포츠에 관심이 없다. 하지만 그에게 익숙한 '축구, 농

구' 경기를 함께 관람하면서 의외로 스포츠 세계가 재미있다는 것을 알게 되었다. 서로 아주 약간씩 다른 세계를 맛보니 좋은 보물을 한 가지 더 갖게 된 느낌이다. 사실 남편이 나로 인해 새로운 것을 알게 되고 그래서 기뻐하는 모습을 보니 짜릿짜릿하게 행복했다. '에이, 뭐야? 행복은 무슨.'이라고 말할지도 모르겠다. 하지만 새로운 음식을 먹고, 문화를 공부하는 것은 단순히 맛있는 것을 먹는 것 이상의 의미를 지닌다고 생각한다. 그것은 자신의 세계를 더 확장시키는 개념과도 비슷하다.

어떤 음식은 맛이 정말 안 맞을 수도 있고 의외의 음식이 기가 막힐 정도로 맛있을 수도 있다. 여기서 중요한 것은 음식이 아니라 불편한 마음을 꾹 참고 한 두번 먹어보는 마음이다. 남편이라면, 부모님이라면, 친구라면 내가 옆에서 조근조근 설명을 해주며 계속 그들을 자극할 것이다. 여긴 무엇도 맛있고, 왜 그런게 유명한지 이야기를 할 것이다. 그럼 그들은 내가 떠드는 소리에 약간은 익숙해지고, 약간은 호기심이 생기면서 새로운 음식과 건축, 전반적인 스페인 문화가 좀 더 편안해질지도 모르겠다. 하지만 불특정 수많은 사람들과 손붙잡고 스페인을 가서 일일이 이야기하긴 사실 한계가 많다. 그래서 이야기를 한다. 스페인에 여행 갔을 때 좀 더 편안하게 이 나라를 알고, 편안하게 음식을 맛보았으면 좋겠다. 특히 나같이 익숙함이 점점 편안해지는 사람들이라면 스페인이라는 나라를 통해 낯설음을 반갑게 맞이하였으면 좋겠다. 불편하다. 사실 낯선 음식, 낯선 환경은 불편하다. 하지만 이 책을 통해 사전 지식을 약간만 알고 문화를 받아들이는 시도를 한다면 생각보다 경험의 스펙트럼이 무지개처럼 확 넓혀질 수 있다.

수천 가지의 타파스 중 내가 먹은 것은 빙산의 일각에 불과하다. 수십 번 스페인을 갔지만 갈 때마다 늘 새롭다. 새로운 타파스를 먹을 때마다 낯설지만 그래도 이제 더 이상 스페인에서 흰밥에 고추장을 찾지 않는다. 내 인생의 스펙트럼을 더욱 넓히고 싶으니까, 죽기 전에 온갖 맛의 세계를 다 경험하고 싶으니까.

타파스 & 카페 맛있는 스페인에 가자

단순히 여긴 이게 맛있고요, 저긴 이게 맛있고요 이런 이야기를 하고 싶진 않다. 이걸 먹어라, 저걸 먹어라 라고 이야기하고 싶지도 않다. 먹고 안 먹고는 순전히 당신의 몫이다. 하지만 알고 안 먹는 것과 모르고 안 먹는 것은 천지 차이이다. 내가 원하는 것은 먹고 안 먹고의 문제가 아니라 새로운 문화에 대한 유연한 감성이다.

낯선 나라에서 낯선 음식을 먹는다는 것은 단순히 먹는 것 이상의 의미를 내포하고 있다. 새로운 문화를 받아들일 수 있는 준비가 되었다는 것이고, 다양한 세계를 접하고 있는 측면도 있고 나아가서는 타인의 문화를 존중한다는

의미도 포함한다. 사실 어떻게 보면 하나의 작은 용기이다. 그 용기는 분명 인생을 다채롭게 꾸며준다. 세상에 얼마나 많은 요리가 있는지, 한 가지 재료로 얼마나 많은 사람들이 서로의 창의성을 발휘하여 만들고 있는지를 알면 저절로 그 문화에 관심이 귀 기울여 진다. 보다 많은 타파스, 빵과 음료를 즐기길 권유한다. 마음껏 먹고 처음 먹은 맛의 감동을 마음속 어딘가 간직하길 바란다. 먼 훗날 이 여행을 기억할 때 어느 박물관을 갔는지는 기억할 수 없어도 새로운 음식을 먹고 느낀 감동만큼은 오래오래 이야기할 수 있도록 그런, 여행을 했으면 좋겠다.

PART 03

~

말라가
MÁLAGA

Islas Balearies

Islas Canarias

celona

스페인에는 '태양의 해변'이라는 이름의 바닷가 마을이 있다. 강렬한 태양만큼이나 멋스러우면서도 소박한 마을들이 어우러진 곳으로 스페인 내에서도 아름답기로 소문난 남부의 도시들이다. 말라가에서 시작해 네르하, 프리힐리아나까지 연결되는 태양의 해변은 스페인 남부 여행의 힐링 포인트이다. 태양의 해변도시의 시작점이자 휴양 도시로 이름이 널리 알려진 '말라가'는 환한 태양과 푸른 바다가 어우러져 조용히 휴식을 취하기 좋다.

말라가의 대표적인 해변인 말라게따MALAGUETA에서는 야자수 나무 밑에서 휴식을 취하는 사람들을 많이 볼 수 있다. 어린이들은 해변에 있는 커다란 '말라게따' 구조물 앞에 매달리고 노부부들은 멀찌감치 누워 책을 읽고 있다. 모든 번잡한 생각과 고민을 다 비우고 사람들은 조용히 저마다의 시간을 가지며 휴식을 즐긴다. 오색찬란한 하늘 빛깔과 푸른 바다가 어우러져 가만히 앉아만 있어도 두 눈이 정화되는 것 같다. 한적하면서도 남부 특유의 열정과 유쾌함이 묻어있어 도시 어디를 가도 친절한 인상을 받는다. 아름다운 자연과 유쾌한 사람들만 봐도 휴식을 위해 말라가에 갈 이유는 충분하다.

말라가의 매력은 이 외에도 끝이 없다.

자연 경관이 만들어내는 색감이 워낙 다채로워 그런지 말라가는 세계적인 예술가가 많이 배출되는 것으로 유명하다. 천재 화가 파블로 피카소 역시 말라가에서 태어났다. 그의 생가도 아직 그대로 보존되어 있는데 생가 앞에는 벤치에 걸터앉은 피카소의 동상이 있어 이곳이 피카소의 도시임을 드러내고 있다.

더운 나라를 여행할 때는 시원한 음료가 필수일 텐데, 말라가에는 스페인 전역에서 알아줄 정도로 유명한 아이스크림 집, 뚜론 집이 있다. 유명한 올리브와 와일 생산지로 와인만 다루는 박물관까지 있으며 과일은 한없이 저렴하다. 대성당이 있는 거리는 고풍스럽다.

붉은빛, 푸른빛 온갖 찬란한 빛깔로 수놓은 하늘과 바다를 곁에 두고 세상에서 가장 편한 자세로 휴식을 취하다 심심하면 예술을 즐기고 배고프면 아이스크림을 맛볼 수 있는 곳, 이것만으로도 말라가를 여행할 이유는 충분하다.

말라가에서 즐기는
휴식 여행 5가지

01 말라게따 해변에서 인증샷 찍기

말라가는 코스타 델 솔, 일명 태양의 해변으로 불리는 휴양 도시이다. 말라가에서 가장 유명한 말라게따 해변은 인증샷을 남길만한 구조물이 여럿 있다. 스페인에서 경치가 아름답기로 정평이 난 해변에서 인증샷을 남겨보는 것은 어떨까?

02 피카소 할아버지와 어깨동무 해보기

세계적인 거장 '파블로 피카소'가 태어난 곳이 말라가이다. 피카소가 유년기 살던 생가를 비롯하여 곳곳에 피카소를 모티브로 만든 기념품이 많다. 생가 앞에는 벤치에 청동으로 만든 피카소 동상이 있다. 피카소를 존경하는 사람이라면 말라가에 꼭 들러보자.

03 말라가에서만 맛볼 수 있는 와인 마셔보기

스페인은 세계 2위의 와인 생산지이다. 스페인 내에서도 말라가는 다섯 손가락 안에 손꼽히는 와인 생산지이다. 브랜드로 유통되어 판매되는 와인도 있지만 말라가 자체적으로 와인을 만들어 판매하는 경우도 많다. 직접 만든 와인을 한 모금 마시면 와인의 깊은 맛에 놀라움을 금치 못할 것이다.

04 조선소였던 시장 탐방하기

말라가는 바닷가 도시이기 때문에 전통적으로 조선업이 발달하였다. 수백 년 전 배를 고치고 만들었던 자리를 활용해 말라가에서 가장 큰 시장을 만든 곳이 있다. 과거 조선소였던 흔적도 찾아보며 현지인들의 식재료를 구경해보자.

05 현지인들이 더 많이 찾는 츄러스 가게 가보기

츄러스만으로 사람들에게 큰 사랑을 받고 있는 가게가 있다. '카페 아란다'는 바삭한 츄러스로 유명해 분점이 여러 곳 있을 정도로 인기가 많다. 현지인들이 더 많이 찾는 가게로 츄러스의 바삭함과 초콜릿의 달콤함이 즐겁다.

말라가로 떠나볼까?

코스타 델 솔(태양의 해변)을 장식하는 첫 번째 도시 '말라가'는 스페인에서도 알아주는 휴양지답게 교통이 잘 발달되어 있다. 바르셀로나, 마드리드, 세비야에서 한번에 갈 수 있는 비행기나 기차는 물론 해외에서도 한번에 말라가로 갈 수 있는 항공사가 꽤 많다. 안달루시아의 대표 도시이자 국가 차원에서 육성한 휴양 도시라 도시 내 이동도 다른 소도시에 비해 수월한 편이다.

비행기로 말라가 가기

스페인에서 몇 개월 이상 거주하는 것이 아니라 한정적인 시간 내 여행을 해야 했기에 주로 비행기를 자주 이용했다. 결과적으로 시간도 절약할 수 있었고 비용도 합리적이었다. 한 달 전 미리 예약하면 50% 이상 저렴하게 이용할 수 있기 때문이다.

스페인은 저가 항공이 발달되어 있어 바르셀로나, 세비야, 마드리드에서 모두 저가 항공을 이용해 말라가까지 이동할 수 있다. 스페인의 대표 저가 항공인 '부엘링 항공'은 바르셀로나, 마드리드와 같은 대도시에서 안달루시아 지방의 세비야나 말라가로 가는 운항편이 하루 10회 이상 있을 정도로 접근성이 좋고 가격도 합리적이다.

버스타고 말라가 주변 소도시 가기

'네르하NERJA'와 같은 안달루시아의 소도시와 말라가를 오갈 때는 버스를 이용해야만 한다. 이런 소도시로는 비행기나 기차가 연결되어 있지 않기 때문에 만약 안달루시아 지방의 여러 작은 도시를 돌아볼 계획이 있다면 버스를 잘 활용하는 것을 추천한다. 안달루시아 소도시 외에도 코르도바, 세비야 등에서도 버스를 이용해 말라가에 갈 수 있다.

말라가의 공식적인 버스 터미널은 기차역과는 10m 정도 거리를 두고 바로 붙어있지만, 시내에서 2km정도 떨어진 위치라 걸어가기에는 무리가 있다. 그래서 시내에서 가까운 곳에 간이 터미널인 ALSA 버스 터미널이 있다. 위치는 미라도르 바로 앞이라서 대성당 부근에서도 충분히 걸어서 도전해볼 만한 거리이다. 버스 티켓도 ALSA 터미널에서 구입할 수 있다.

기차 타고 말라가 가기

　말라가는 세비야, 마드리드, 바르셀로나 등의 도시와 스페인 기차인 Renfe와 초고속열차 AVE로 연결되어 있어 기차를 이용해 이동할 수도 있다. 표는 기차역에서 살 수 있고 인터넷으로도 구매할 수 있다.

　◆ 인터넷 구매 : WWW.RENFE.COM

말라가 내 교통수단

　도보, 택시, 버스 등 여러 시내 교통수단을 이용해 스페인의 휴양 도시 말라가를 둘러볼 수 있다. 사실 말라가의 주요 볼거리는 대부분 구도심지에 몰려 있기 때문에 도보로도 충분히 걸어서 돌아볼 만하다. 약 3~4시간 정도 걸으면 대부분의 관광거리를 볼 수 있다.

　도보 외에 쉽게 이용할 수 있는 교통수단으로 택시를 꼽을 수 있다. 구 도심지 주요 여행지 주변(말라가 대성당, 피카소 미술관)에서 쉽게 잡을 수 있고 묵고 있는 숙소 로비에서 택시를 호출하여 이용할 수도 있다. 말라가의 택시는 바르셀로나, 마드리드의 택시들과는 다르게 외관이 하얀색이다. 안달루시아 지방에서는 이 하얀색을 꽤 자주 볼 수 있다. 뜨겁고 강렬한 햇볕을 반사시키기 위해 이 지역의 집들이 대부분 전체적으로 하얗게 도색되어 있는 경우가 많은데 멀리서 보았을 때 마치 하얀 마을처럼 보여 장관을 이룬다.

　버스는 매우 대중적인 말라가의 교통수단이다. 편도 단돈 1.3유로로 택시 대비 무척 저렴하여 노선만 미리 파악하면 쉽고 싸게 목적지까지

갈 수 있다. 요즘은 구글 지도를 포함한 앱이 잘 되어있어 버스 노선을
파악하기도 쉬운 편이다.

안타깝게도 지하철은 없지만 굳이 지하철이 필요 없을 정도로 버스
노선이 발달되어 있고, 주요 관광지가 모여 있어 여행하기에 불편함
은 없다.

* **C2 버스** : 말라가 기차역에서 말라가 대성당이나 피카소 미술관으로 갈 수 있다.
* **4, 19, 20, C2번 버스** : 말라가 기차역에서 메르카도 센트럴로 갈 수 있다.
* **3, 11, 35번 버스** : 말라가 기차역에서 PASEO DE REDING (P. MIRAMAR)에 내리면 PLAYA
DE LA MALAGUETA 해변에 갈 수 있다.

타파스 & 카페 맛있는 스페인에 가자

말라가 볼거리

01 말라가 대성당

말라가 대성당이 있는 곳에는 원래 이슬람 사원이 있었는데 가톨릭 세력이 이 지역을 통치하면서 이슬람 사원을 허물고 말라가 대성당을 지었다. 건축에는 약 300년 정도가 소요됐는데 덕분에 각 시대별로 유행했던 고딕, 르네상스, 바로크 양식이 모두 묻어나는 독특한 성당이 완성되었다. 건축하는 도중 미국에서 독립전쟁이 일어나 영국을 라이벌이자 눈엣가시로 여기던 스페인 정부는 미국을 지지하기 위해 대규모 군자금과 물품을 보낸다. 이 군자금에 대성당 건축비도 포함되어 있어 1개의 탑 밖에 지을 수가 없었다. 본래 2개의 첨탑을 지으려고 했지만 1개의 탑은 미완의 상태로 남게 된것이다. 탑은 아직 미완의 상태이지만 안달루시아 지방을 대표하는 성당답게 수많은 예술 작품과 조각상을 볼 수 있다.

02 피카소 미술관 (엘 핌피 근처)

세계적인 거장 피카소가 태어난 도시라 그런지 말라가에는 '피카소' 와 관련된 장소가 꽤 많다. 그중에서도 피카소 미술관은 피카소가 태어 나서 20대 때까지 그린 작품들을 중점적으로 볼 수 있는 미술관이다. 이곳에서 습작 페인팅, 또 몇 개의 선과 원색을 사용해 그의 예술 세계 를 단순하게 표현한 작품들을 꼭 감상해야 한다.

03 피카소 생가 박물관 (카페 콘 리브로 옆)

피카소 재단에서는 피카소가 살던 집을 보존해 그의 흔적들을 전시 하고 있다. 전 세계에서 열리는 피카소 전시들이 주로 완성작을 중심으 로 개최되는데 비해, 생가 박물관에 있는 예술품들은 거장이 하나의 작 품을 완성하기 위해 얼마나 많은 연습작들을 그렸는지 노력한 흔적들 을 보여준다. 한 가지 아쉬운 점은 모든 설명이 스페인어로 되어 있다 는 점이다. 하지만 입장을 할 때 영어 음성 가이드를 제공받을 수 있어 필요하다면 영어로 설명을 들을 수 있다.

생가 박물관 2층에 올라가면 피카소가 1881년 태어나면서부터 살았 던 생가를 살펴볼 수 있다. 유년기, 피카소가 어떤 옷을 입고 어떤 방에 서 지냈으며, 그의 가족들은 어떤 모습을 하고 있었는지를 보여주는 사 진과 실제 사용한 물품 위주로 전시되어 있다. 여동생이 사용하던 머리 빗, 피카소가 어린 시절 신던 신발, 어린 시절 그림을 그렸던 화판이나 물감을 직접 볼 수 있다. 많은 작품이 있는 것이 아니라 다소 아쉬울 수 있으나 전 세계 어디를 가도 볼 수 없는 그의 삶을 조망하는 컬렉션이니 피카소의 팬이라면 빠지지 말고 들러보는 것을 추천한다.

04 유리 박물관

수백 년 전부터 귀족이 살았던 저택을 이용해 만든 유리 박물관에서는 전 세계에서 수집한 유리공예뿐만 아니라 귀족들이 쓰던 그릇, 피아노, 화단도 볼 수 있다. 정해진 시간에 입장을 하며 2층에서부터 시작해 저택을 한 바퀴 돌며 그룹별로 큐레이터의 안내 하에 하나하나 설명을 듣는 방식이다. 진귀한 유리컵부터 받침대, 화병까지 유리로 만든 다양한 예술품이 찬장에 진열되어 있는데, 겉으로 볼 때는 평범한 것 같지만 아래에서 위로 바라보면 전혀 다른 빛깔을 자아내거나 햇볕을 비췄을 때 다른 빛을 보이는 유리도 있다. 다양한 유리 예술품을 살펴볼 수 있을 뿐만 아니라 큐레이터의 설명 또한 흥미롭다.

05 와인 박물관

스페인은 세계에서 가장 넓은 와인 생산지 면적을 자랑하며 와인 생산량 세계 3위를 차지할 만큼 '와인'에 대한 조예가 깊은 나라이다. 그중에서도 말라가는 풍부한 일조량과 지중해성 기후로 향미가 깊은 품질 좋은 와인이 많이 나오기로 유명하다. 와인 박물관은 와인을 만들기까지의 과정과 말라가 와인의 역사, 광고 포스터까지 한데 모아 놓은 박물관이다. 와인을 종류별로 시음할 수 있어 와인 매니아에게 많은 사랑을 받는 장소이다.

06 알카사바

알카사바는 아랍어로 '요새, 성곽'이라는 의미가 담겨있다. 이슬람 세력의 통치를 받던 시기에 지어진 건축물로 말라가의 알카사바는 스페인에 남아있는 알카사바 중 보존 상태가 가장 좋은 것으로 유명하다. 외부에서 바라보면 투박한 돌들이 쌓인 성처럼 보이지만 안으로 들어가면 당시 이슬람 세력이 거주했던 궁전의 일부와 정원, 연못 등이 보전되어 있다.

타파스 & 카페 맛있는 스페인에 가자

MARKET

조선소를 시장으로
메르까도 센트럴 아타라사나스
MERCADO CENTRAL DE ATARAZANAS

우리는 어떤 것을 볼 때 '아름답다'라는 표현을 하게 되는 것일까? 눈으로 보기에도 좋지만 가슴으로도 긍정적인 에너지를 느낄 때 아름답다는 표현을 쓰는 것 같다. 우연히 말라가에서 '아름답다'라는 표현이 어울리는 시장을 만났다. 화려한 천장 장식 등이 물론 심미적으로도 훌륭하지만, 무엇보다 이곳이 아름다운 이유는 신선한 식재료를 찾는 사람들의 생기와 상인들의 활기찬 소리 때문이다. 이 모든 것이 어우러져 마치 우렁찬 음악을 듣는 것 같다.

바닷가 도시 '말라가'에서는 선박을 고치고 만드는 일이 무척 중요했다. 지금 시장이 있는 곳도 원래는 큰 선박을 고치던 자리였다. 그래서 시장의 천장에는 조선소의 철제 골조가 그대로 남아있고 입구 상단에

메르까도 센트럴 아타라사나스의 외부 전경

는 배 그림이 표현되어 있다. 시간의 흐름에 따라 이 지역은 군병원으로 이용되다가 막사로 이용되기도 하면서 점점 사람들의 왕래가 잦아지고, 더 많은 이들에게 알려지게 되었다.

당시 파리에는 '레 알LES HALLES'이라는 시장이 있었다. 아름답고 전통 있는 시장으로 프랑스의 소설가 에밀 졸라가 '파리의 배'라고 표현했던 장소다. 이 시장을 통해 사람들의 삶은 편해졌고 상업도 점점 발달하게 되었다. 말라가 정부는 파리의 '레 알' 시장에서 영감을 얻어 1860년 이 장소를 시장으로 사용하기 시작했다. 그 이후 약 150년 동안 이곳은 사람들이 식재료를 사고파는 장소로 이용되었다.

시간이 지나 스페인 경제는 불황을 맞이하고 새로운 쇼핑센터는 계속 생겨나게 된다. 몇백 년이 되었다는 등의 명성은 희미해져 시장 상인들의 고민은 깊어갔다. 이에 말라가 정부는 시장 경제를 활성화하기 위해 2008년 대대적인 시장 보수공사에 들어갔다. 바닷가 도시이고 과거 조선소가 있던 자리라는 정체성을 살려 천장에는 형형 색깔의 스테인드글라스를 설치하고 여러 개의 창문을 추가해 강렬한 햇볕이 내리쬘 때 더 화려하게 보이도록 만들었다. 시장은 약 260개의 상점이 육류, 어패류, 농작류 총 3가지 구역으로 크게 나뉘어있는데, 각 상점마다 디스플레이가 조화롭다.

시장에서는 반찬류도 판매하는데, 따뜻한 지역이라 그런지 상하지 않고 오랫동안 보관하기 위해 소금에 절여 만든 종류가 대부분이다. 다양한 과일은 신선도가 단연 으뜸이다. 체리, 파인애플, 딸기 등 우리에게 익숙한 과일부터 서양배, 드래곤프루트 등 한국에서 찾기 힘든 과일도 눈에 보인다. 약 800년간 이슬람 문화의 영향을 받아서인지 이슬람에서 전파된 여러 향신료도 시장에서 만나볼 수 있다.

스페인 음식에는 향신료가 꽤 많이 들어간다. 발렌시아 지방의 음식인 '빠에야'는 샤프란이라는 향신료로 맛을 내고 국물 요리에도 대부분 향신료가 들어가는데, 스페인의 국물 요리는 이슬람 문화권이던 시절부터 먹기 시작한 요리가 많기 때문이다. 시장 안에 수북이 쌓여있는 살구나 복숭아 역시 이슬람에서 건너왔다는 것을 알게 되면 이슬람 통치기에 얼마나 많은 영향을 받았는지 새삼 깨닫게 된다.

대게 시장에 가서 식재료를 살펴보면 이 도시가 어떤 이야기를 해주는 것 같다. 가만히 놓여있는 과일들은 어떤 날씨와 지형인지를 이야기하고 오색 빛깔의 향신료는 이 지역이 이슬람 문화에 오랫동안 영향을 받았다는 이야기를 들려주는 것 같다. 그렇게 보면 음식을 먹는다는 것은 아주 오랫동안 축적된 역사를 음미하는 것 같다. 앞으로 이 도시에, 이 나라에 어떤 역사가 쓰일지 모르지만 이곳에서 판매하는 식재료는 다채로운 인류의 역사에 훌륭한 조력자이자 친구 같은 역할을 하지 않을까 생각해본다.

메르까도 센트럴 아타라사나스 MERCADO CENTRAL DE ATARAZANAS

위　　치　말라가 대성당에서 Calle Molina Lario를 따라 10분 정도 걸어간다.
　　　　　우회전하여 Calle Sancha de Lara 방향으로 3분 정도 걸어가면
　　　　　찾을 수 있다.

주　　소　CALLE ATARAZANAS, 10, 29005 MÁLAGA, SPAIN

전화번호　+34 951 92 60 10

영업시간　08:00~15:00

가　　격　와인 한 통(Dulce Moscatel, 2리터) 5.5€, 올리브 오일 2.5리터 17.5€,
　　　　　올리브 장아찌 250g 1.5€, 마늘 장아찌 1.5€

현지인들이 인정하는 츄러스 맛집
까사 아란다

말라가에는 약 100년 전통의 츄러스 가게가 있다. 1년 이상 같은 직종에서 일을 하는 것도 쉽지 않은데 몇 세대를 걸쳐 츄러스를 파는 곳이라는 소리에 가게에 도착하기도 전에 기대가 됐다. 말라가 구 도심으로 올라가는 길에 위치해 있는데, 좁은 골목 사이로 카페 아란다 간판이 보여 가까이 가니 크고 작은 몇 개의 카페 아란다가 한 구역 안에 모여 있다. 카페 아란다는 비교적 이른 시간인 8시부터 문을 여는데 근처에 말라가 시장이 있어 장 보고 돌아오는 사람들이나 아침 일찍 출근하는 사람들로 오픈부터 붐빈다. 말라가 대성당이나 피카소 생가로 가는 길목에 있어 여행객도 꽤 많이 찾는다.

001 & 002   늘 사람들로 북적이는 까사 아란다

타파스 & 카페 맛있는 스페인에 가자

003 　 츄러스와 쇼콜라데

　가장 한가로워 보이는 '카페 아란다'에 들어가 자리를 잡았다. 테라스 좌석이 비어있어 광장 앞에 있는 좌석에 자리를 잡으니 금세 직원이 메뉴판을 가져온다. 메뉴판은 간단하다. 8가지 종류의 커피와 쇼콜라떼, 이 가게의 대표 메뉴인 츄러스가 보인다. 여느 카페나 레스토랑처럼 메뉴를 다양하게 구비하기보단 이 가게의 대표적인 메뉴에 집중하고 있다. 주변을 둘러보니 츄러스로 산을 쌓아 식사를 하는 사람들이 대부분이었다. 멀리서 봐도 적당히 튀겨 바삭바삭해 보인다. 1인분 메뉴가 따로 있는데 6개 츄러스가 큰 접시 가득 담겨 나온다. 간단히 간식 정도로만 먹고 싶어 츄러스 한 개와 쇼콜라떼를 시켰다. 선선한 바람과 함께 츄러스를 먹으니 여행의 고단함이 풀어지는 듯하다.

츄러스의 정확한 기원은 알 수가 없다. 스페인의 양치기들이 만든 음식이라는 설이 있는데 이름이 '츄러스'인 이유도 산악지대에 사는 '츄로'의 뿔 모양으로 만들어 '츄러스'가 되었다고 한다. 이 외에도 이슬람의 지배를 받을 때 지팡이 모양의 도넛을 만들어 팔면서 '츄러스'라는 것이 탄생했다는 이야기도 있다. 유래야 어떻든 스페인 전역에서 간편하게 먹을 수 있는 게 츄러스이다. 심지어 크리스마스 당일이나 1월 1일 이른 아침에는 대부분의 가게가 가족과 식사를 하느라 문을 열지 않는데도 간이 츄러스 가게는 문을 열 정도이다. 이른 아침에는 가벼운 한 끼 식사로 어울리고 추운 겨울날 츄러스에 쇼콜라떼 하나면 몸이 따뜻해진다. 12월 겨울이라도 사람들은 바깥에 앉아 햇볕도 쐬며 츄러스에 쇼콜라떼를 먹으며 저마다의 여유를 즐긴다. 바깥 공기는 차갑지만 쇼콜라떼 한 잔에 기분 탓인지 몸이 따스해지는 것만 같다.

츄러스를 다 먹고 까사 아란다 안으로 들어가 보았다. 실내의 바 테이블에서 앉아 조용히 아침을 즐기는 아저씨도 보이고 땀을 식히는 사람들도 보인다. 계단을 따라 2층에 올라가보니 난간에 걸터앉아 커피와 츄러스를 먹으며 대화하는 사람들이 꽤 많다. 한쪽에서는 츄러스를 만드느라 반죽하고 튀기느라 분주하다. 기름이 가득 든 움푹 들어간 커다란 냄비에는 츄러스를 빠르게 튀기고 들어 올리는 작업이 한창이다. 갓 튀긴 츄러스는 일정한 가격으로 조각조각 자른다. 아주 빠르지만 일정하게 가위로 슥슥 자르는 모습에 다시 한 번 놀란다.

북적이는 카페이면서 아주 단순한 메뉴를 취급하는 소박한 장소다. 실내도 주변의 세련된 카페와 비교하면 아주 낡은 편으로 '디자인'이나

'마케팅' 측면으로는 전혀 관심이 없어 보인다. 하지만 화려한 디자인과 정교한 마케팅이 범람할 때에 '까사 아란다'처럼 소박하지만 꾸준히 사람들에게 행복을 주는 가게가 더 매력적으로 다가온다. 한결같은 정성과 순수한 마음의 '츄러스'가 앞으로도 수백 년의 전통으로 사람들에게 다가가길 바란다.

까사 아란다 CASA ARANDA

CASA-ARANDA.NET

위   치   말라가 대성당에서 Calle Molina Lario를 따라 3분 정도 걸어간다.
Calle Strachan 방향으로 꺾어 직진한다. 라리오스 거리(Calle Marqués de Larios)를 향해 5분 정도 걷다가 Calle Alarcón Luján 방향으로 걸으면 찾을 수 있다.

주   소   HERRERÍA DEL REY, 3, 29005 MÁLAGA, SPAIN

전화번호   +34 952 22 28 12

영업시간   08:00~12:30, 17:00~21:00

가   격   카푸치노 2€, 츄로(churro trozo) 1€, 쇼콜라떼(Chocolate en Taza) 1.65€

~

크리스마스 밤에 열리는 수천 개의 불빛 쇼,
크리스마스의 말라가

나라마다 크리스마스를 즐기는 분위기가 모두 다르다. 불교국가인 '라오스'를 가면 모두들 관심 없다는 듯 조용히 지나가는 반면, 스페인에서는 거리마다 캐롤이 나오며 축제 같은 분위기가 연출된다. 우연히 크리스마스 기간에 말라가에 있었는데 전 세계 수많은 크리스마스 행사를 가도 말라가만큼 화려한 행사는 여태 보지 못했을 정도로 오랫동안 기억에 남는다.

12월 말라가에서는 중심지 '라리오스 거리'에서 크리스마스 행사가 펼쳐진다. 행사는 어마어마한 스케일로 진행되는데 약 170만 개의 LED 조명을 화려하게 밝혀 장관을 이룬다. 오후 9시 정도가 되면 조명이 음악에 맞춰 춤을 춘다. 170만 개의 불빛이 일사분란하게 리듬에 맞춰 형형색색으로 색을 바꾸며

크리스마스의 말라가

깜박인다. 불빛 쇼가 시작되면 말라가의 시민들이 일제히 거리로 나와 쇼를 감상하고 주변 사람들에게 크리스마스 인사를 건넨다.

불빛 쇼도 인상적이지만 거리 예술가도 재미있다. 수많은 사람들이 분장을 하고 퍼포먼스를 하는데 소재도 다양하고 연기도 잘해 이들만 구경해도 시간이 금방 지나간다. 바이올린을 연주하는 예술가도 있고 머리부터 발끝까지 까맣게 분장하여 전쟁터에 나가는 군인을 흉내 낸 사람도 있다. 어떤 예술이라 할지라도 관심을 기울이는 사람들이 주변에 모여 늘 응원을 한다.

하늘에는 수없이 많은 불빛이 반짝이고 거리는 예술가들로 가득하다. 낭만적인 크리스마스를 꿈꾼다면 말라가를 추천한다. 전 세계 어디서도 볼 수 없는 인상적인 크리스마스를 만끽할 수 있을 것이다.

✔ 말라가 불빛 쇼 인포메이션

 # 날 짜   말라가의 크리스마스 행사는 매년 시작하는 날짜가 다르다. 보통 11월 마지막 주 금요일에 불빛쇼를 시작으로 1월 7일경 끝나곤 한다.

 # 시 간   오후 6:30분부터 새벽 2시까지 펼쳐진다.

 # 장 소   불빛쇼가 열리는 거리는 크게 3곳이다. 1. Calle San Juan, 2. Calle Cárcer, 3. Calle Granada 말라가를 처음 찾아 어디가 어딘지 잘 모르겠다면 말라가의 유명 아이스크림 가게 '까사 미라'를 찾으면 된다. 까사 미라가 있는 거리가 말라가의 중심지 '라리오스 거리'이고 그곳에서 불빛 쇼가 열린다.

말라가 최고의 와인을 맛보고 싶다면

안티구아 까사 드 가르디아

직접 가보기 전에는 말라가에 대해 몰라도 너무 몰랐다. 그냥 예쁜 바닷가가 있다 정도만 알았는데 막상 말라가에 여행을 가서 구석구석 살펴보니 생각보다 많은 이야기를 담고 있는 도시였다. 피카소가 태어난 고향, 최대의 올리브 생산지, 와인으로 유명한 도시 등 말라가를 설명하는 수식어가 참 많다. 정감 있는 사람들, 저렴한 물가도 매력적이지만 오랫동안 말라가를 그리워하게 된 이유는 사실 따로 있었다. 이 도시에 완전히 푹 빠지게 된 결정적인 이유는 바로 이 가게, '안티구아 까사 드 가르디아'의 와인 때문이다.

1840년부터 운영한 가게는 언뜻 봐도 오랜 역사가 짐작될 정도로 곳곳에 손때가 묻어 있다. 벽면 가득 유명 인사들의 사진과 이 가게에 대한

001 & 002   안티구아 까사 드 가르디아의 내부

003 & 004   약사 같은 차림의 바텐더들과 커다란 오크통들

포스터가 붙어있어 얼마나 많은 사람들이 이 가게를 사랑하는지 미루어 짐작해 볼 수 있다. 세계적인 거장 피카소 역시 이곳에 자주 들렀다고 하는데 가게 한쪽에는 피카소의 흔적도 함께 보인다. 가게에는 커다란 오크나무통이 투박하게 쌓여 있고 통 안 한가득 와인이 숙성되고 있다.

말라가는 8세기 이슬람의 지배를 받으며 와인을 본격적으로 만들기 시작한, 유럽에서 가장 전통 있는 와인 생산지이다. 워낙 일조량이 풍부해 17세기부터는 스페인에서 두 번째로 큰 와인 생산지로 유명세를 더하였다. 향미가 좋아 18세기 말 러시아 여제 '예카테리나 2세'는 말라가 와인을 한 모금 마시고 그 맛에 반해 말라가에서 수입되는 와인의 관세를 없앴다는 일화가 있을 정도로 말라가 와인은 세계적으로 유명하다. 말라가와 그라나라 사이에 큰 산맥이 있는데 산맥을 중심으로 안타케라, 벨레스 말라가 등의 여러 도시에서 와인을 생산하고 있다.

안티구아 까사 드 가르디아는 와인으로 유명한 말라가에서도 다양한 와인 종류와 맛으로 인정받는 곳이다. 종류는 어림잡아 15가지가 훌쩍 넘는다. 유명하다고 하니 와인을 한 잔 맛보고 싶은데 어떤 와인을 마셔야 할지 난감했다. 게다가 난 소주나 맥주를 더 좋아해 아는 와인도 별로 없었다. 고민을 하고 있던 찰나 소믈리에와 눈이 마주친다. 그런데 영화에서나 보았던 말끔한 정장 차림의 소믈리에가 아니었다. 하얀색 가운에 한쪽 주머니에는 펜이 꽂혀있어 오크통만 없었다면 약사님이 연상된다. 놀란 눈으로 약사님 스타일의 소믈리에를 쳐다보니 한마디 던진다.

"스윗 or 드라이"

의외로 걸죽한 목소리로 물어보고 나 역시 길게 물어보지 않고 "스윗"이라고 이야기했다. 소믈리에는 바로 하얀 분필을 집더니 테이블에 숫자를 슥 쓴다. 즉석에서 가격을 쓰는 모습이 신기하기도 하고 재미있기도 하였다. 너무 오랫동안 IT기기에 익숙해진 탓일까, 오히려 이렇게 사람이 분필을 들고 가격을 알려주는 모습에 더 정이 간다. 소믈리에가 적어준 대로 현금을 내니 휙 뒤로 돌아 오크통 레버를 돌려 조그만 하얀색 투명 글라스에 갈색 와인을 담아 내게 슥 밀어준다. '술이 달면 얼마나 달겠어' 라고 생각하면서 한 모금 마시는데 음료수인줄 알았다. 달콤한 포도맛이 느껴진다.

와인을 만들기 위해서는 포도의 품종도 무척 중요하다. 조금 더 깊게 말라가의 와인을 알아보면 말라가 와인은 독특한 품종으로 만든다. 스페인 남부의 백포도 종류인 '뻬드로 히메네스PEDRO XIMÉNEZ'와 유럽 포도의 여왕이라고 불리는 '모스까뗄 데 알레한드리아MOSCATEL DE ALEJANDRÍA'라는 품종으로 만든다. 두가지 품종 모두 무척 달콤한 것으로 유명해 이 포도를 적절히 섞어 만든 포도주는 무척 달콤하고 향긋한 풍미를 지니고 있다. 달콤한 캔디를 먹은 것처럼 맛이 부드러워 '라그리마LÁGRIMA', '빠헤레테PAJARETE'와 같은 세계적인 말라가 와인을 만들어 유명세를 더하고 있다.

술을 자주 마시는 편은 아니지만 한 모금 마시자 도저히 멈출 수가 없었다. 맛에 반해 그 다음 일정을 모두 취소하고 여기서만 몇 시간을 서서 와인을 홀짝홀짝 마셨다. 혼자서 8잔 정도 마신 것 같다. 소주 한 병을 마셔도 얼굴색 하나 변하지 않는데, 와인에 취해 기분이 좋아지고 어느 순간 안 되는 스페인어로 앞에 있는 말투가 투박한 소믈리에와 조금

씩 이야기를 하는 내 자신을 발견했다. 다들 나와 같은 마음들인지 남
녀노소 가리지 않고 수많은 사람들이 바에 들려 한잔씩 하고 각자 대화
를 나누다 간다. 와인만 마시긴 아쉬워 타파스를 찾는 사람도 제법 있
다. 타파스는 와인에 비해 다양하진 않지만 가격도 저렴하고 신선한 편
이다. 바다를 끼고 있는 도시인지라 새우, 문어 등 해산물 타파스가 특
히 많았는데 연어 타파스가 특히 맛있다. 말라가의 와인 한잔은 맛도 맛
이지만 사람을 유쾌하게 만드는 힘이 있나보다.

말라가에 와서 진짜 현지인처럼 여행을 하고 싶다면 안티구아 까사
드 가르디아를 꼭 추천한다. 와인을 한잔 마시면서 어느새 말라가 사람
들처럼 웃으며 스스럼 없이 대화하고 있는 자신을 발견하게 될 것이다.

안티구아 까사 드 가르디아 ANTIGUA CASA DE GUARDIA
WWW.ANTIGUACASADEGUARDIA.COM

위   치   말라가 대성당에서 Calle Molina Lario를 따라 7분 정도 걸어간다. 공원이
나올 때까지 걸어간 다음 Alameda Principal 방향으로 5분 정도 걸으면
찾을 수 있다.

주   소   ALAMEDA PRINCIPAL, 18, 29005 MÁLAGA, SPAIN

전화번호   +34 952 21 46 80

영업시간   10:00~22:00

가   격   와인 한 잔 1.3€~3.6€, 해산물 타파스 1꼬치 1.1€

손으로 만든 수제 아이스크림
까사 미라

스페인은 유럽에서 3번째로 큰 나라답게 어느 지역에 있느냐에 따라 기후가 제 각각이다. 남부는 강렬한 햇살이 함께하는 지중해성 기후라 여름에는 건조하면서 이글이글 타오르는 햇볕을, 겨울에는 온난하면서 다소 습한 기후를 느낄 수 있다.

남부의 휴양 도시 말라가의 여름 역시 끝내주게 뜨겁다. 여름 오전 11시만 되도 10발자국만 걸으면 등 뒤로 땀이 줄줄 흐를 정도이다. 한 겨울에는 얇은 잠바 하나만 입고 다녀도 충분하다. 더위가 기승을 부릴 때면 아이스크림 생각이 간절하다. 말라가에서 만나는 아이스크림 전문점 '까사 미라'는 뜨거운 사막의 달콤한 오아시스이다.

　　타파스 & 카페 맛있는 스페인에 가자

1860년부터 5세대에 걸쳐 운영하고 있는 전통 있는 아이스크림 가게인 '까사 미라'는 가게에서 직접 만든 다양한 아이스크림을 판매한다. 이곳의 아이스크림은 모두 인공색소나 화학첨가물이 전혀 없이 자연에서 얻은 재료를 사용한다. 발렌시아에서 아이스크림을 연구한 장인들이 직접 과일을 으깨고 견과류를 섞어 부드럽고 독특한 크림을 만든다. 아이스크림에 들어가는 견과류 역시 모두 말라가에서 생산되는 최고급 아몬드이다. 입구에 들어서면 레몬, 피스타치오, 바닐라, 치즈케이크, 초코 등 10가지가 넘는 아이스크림이 진열되어있어 사람의 정신을 쏙 빼놓는다.

가게 안으로 들어가면 시원한 에어컨 바람과 함께 아이스크림이 그려진 독특한 기계가 보인다. 번호표 뽑는 기계이다. 워낙 인기가 많은 가게라 후덥지근한 여름이건 꽤 서늘한 겨울이건 늘 문전성시를 이루는데 번호표를 뽑고 순서대로 아이스크림을 먹을 수 있도록 한 것이다. 밤 10시 30분 거의 끝나가는 시간에 맞춰 대기 번호가 16번이나 된다. 바글바글 붐비는 사람들 속에서 대기를 하며 기다리는 사이 드디어 내 차례가 돌아왔다. 어떤 것을 먹을까 고민을 하다 가장 인기 있는 아이스크림 몇 가지를 추천받았다. 견과물이 들어간 아이스크림을 선택하니 한 컵 가득 아이스크림을 퍼 주신다. 보기만 해도 꽤 진득진득 무거운 질감이다. 워낙 많은 사람들이 찾는 가게다 보니 앉을 수 있는 자리가 보이지 않는다. 일어서서 아이스크림을 먹는 동안 스페인 꼬마들이 다가와 말을 건다. 말라가는 바르셀로나에 비해 동양 사람들이 적어 종종 사람들은 신기한 듯 남편에게 말을 건넨다. 동양인이고 조금만 건장해보이면 다가와 "Are you soccer player?"라고 조심스레 물어본다. 워낙 축구에 관심이 많은 나라라 보는 사람들이 모두 축구선수로 보이나 보다. 웃으며 여행하는 사람들이라고 이야기 하고 아이스크림을 먹으며 가게를 차근차근 살펴보니 저 너머 큰 뚜론이 보인다.

뜨거운 지중해 햇볕이 365일 강렬하게 비추는 말라가 지역에서 재배하는 견과류로 만든 뚜론은 아이스크림 다음으로 까사 미라를 상징하는 디저트이다. 전통적인 방식으로 사람이 직접 맛을 내는 것으로 유명하다. 까사 미라의 뚜론은 아랍인들에게 지배를 받았던 시절부터 내려온 방식으로 만들고 있다. 이런 전통성을 포장부터 고급스럽게 하여 선물용으로 의미 있게 만들고 있다. 아이스크림으로 유명한 가게지만 크리스마스나 특별한 날에는 이 뚜론의 인기도 아주 높다.

말라가에는 맛있는 아이스크림을 먹을 수 있는 곳이 몇 곳 있다. 하지만 말라가에서 가장 전통 있고 인지도 높은 아이스크림이 무엇이냐고 묻는다면 사람들은 '까사 미라'를 꼽을 것이다. 오늘도 뜨거운 무더위 속 달콤한 휴식이 필요할 때 내 몸이 원하는 대로 까사 미라로 달려간다.

까사 미라 CASA MIRA

WWW.CASAMIRA.ES/

위 치 말라가 대성당을 기준으로 바로 앞에 보이는 거리가 Calle Molina
Lario이다. 이 거리를 남쪽 방향으로 2분 정도 걸어간다. 그러면 좌/우회전
할 수 있는 지점이 나오는데 대성당을 뒤로 하고 우회전하여 Calle
Strachan거리로 3분 정도 걸어간다. Calle Stachan 거리가 끝나는
지점에서 오이소(oysho) 브랜드 방향으로 좌회전을 하면 라리오스 거리가
나온다. 이 거리를 따라 내려가면 쉽게 카사 미라를 찾을 수 있다.

이것도 저것도 복잡하다면 사람들한테 라리오스 거리를 가르쳐달라고
해보자. 라리오스 거리는 말라가의 중심부로 현지인이라면 알려 줄 것이다.

주 소 CALLE MARQUÉS DE LARIOS, 5 & CALLE NUEVA, 16 MÁLAGA, SPAIN

전화번호 +34 952 22 30 69

영업시간 10:30~23:30

가 격 콘 아이스크림 2.20~3€, 오라차타 2.2~2.4€ 초콜릿 뚜론(500g) 15.9€,
노른자로 만든 뚜론(500g) 16.9€, 찬 우유 1.9~2.1€

말라가의 중심, 1번지 라리오스 거리

라리오스 거리는 말라가의 중심이다. 스페인하면 떠오르는 'ZARA', 'MANGO'와 같은 브랜드는 물론 맛집도 많아 늘 사람들이 북적인다. 트렌디한 가게들이 많아 쇼핑하기 좋고 거리의 예술가들도 많다. 그림을 그리거나 악기를 연주하는 사람들이 거리에 낭만을 불어 넣어준다.

바르셀로나나 마드리드에 비해 동양 사람들이 적어 간혹 거리를 걷다보면 사람들이 말을 걸 때도 있다. 수많은 사람들이 모이는 거리이기에 말라가 사람들의 일상 모습을 가까이서 볼 수 있다.

라리오스 거리에 있는 스페인 브랜드

✔ 버쉬카 BERSHKA

버쉬카'는 사실 '자라'와 한 지붕 가족이다. 같은 그룹에서 나온 브랜드로 10대 청소년부터 20대를 대상으로 만든 브랜드이다. 주로 편안한 캐주얼 스타일인데 스트릿 패션 아이템도 접할 수 있어 매니아층이 두텁다. 전 세계 600군데나 되는 많은 매장을 보유하고 있어 인지도가 높은 브랜드이다.

✔ 오이소 OYSHO

오이소는 스페인의 대표적인 언더웨어 브랜드이다. '자라'가 속해있는 인디텍스 그룹의 란제리 브랜드로 전 세계 600개 매장이 있을 정도로 큰 사랑을 받고 있다. 독특한 원단과 고급스러운 디자인의 언더웨어가 많다.

✔ 망고 MANGO

우리나라 사람들에게 제법 잘 알려진 SPA 브랜드인 망고 역시 대표적인 스페인 브랜드이다. 디자인의 도시 바르셀로나에 본거지를 두고 81개국 약 850개의 매장을 보유하고 있는 브랜드이다. 유행에 민감한 디자인과 합리적인 가격으로 전 세계 사람들에게 큰 사랑을 받고 있다.

✔ 빔바이롤라 BIMBA Y LOLA

스페인에서 처음 빔바이롤라가 등장했을 때 시장 반응은 가히 폭발적이었다. 사람들은 모두 빔바이롤라의 가방을 하나씩 구매하였고 매장은 바로 수십 개로 늘어났다. 마치 동화를 보는 것 같은 과감한 패턴과 알록달록한 디자인에 실용성까지 겸해 큰 사랑을 받고 있다. 특히 가죽 제품이 예쁘기로 유명해 국내 공동구매도 많이 하는 편이다.

라리오스 거리

신선한 해산물 요리와 함께
보데가 엘 핌피

말라가는 스페인에서 제일가는 휴양지로도 유명하지만 미술 학도들
에게는 다른 이유로 유명하다. 바로 피카소가 태어나고 유년기를 보낸
도시이기 때문이다. 스페인 전통 무용을 사랑하는 사람들에게도 말라
가는 혁명적인 도시이다. 플라멩코의 일종인 '말라게냐'가 바로 이 지
역에서 탄생했기 때문이다. 바다를 곁에 두고 올리브 농장이 많은 곳이
라 어민과 농민들이 많았는데 이들 덕분에 노동요가 발달하고 춤이 발
달하고 그림의 소재가 풍부하게 되었다. 같은 이유로 일명 '보데가', 전
통적인 선술집이 꽤 많다. 작열하는 태양의 더위를 식히기 위해, 노동
의 고단함을 잊기 위해, 정열적이고 사교적인 이들의 성격 덕분에 이름
있는 보데가를 꽤 만날 수 있다.

엘 핌피는 보데가와 레스토랑을 겸하는 곳이다. 피카소가 유년시절 거닐던 거리에 자리를 잡이 피카소의 생가, 말라가 대성당 같은 말라가를 상징하는 장소와도 가깝다. 18세기 저택을 개조한 엘 핌피는 전통 있는 보데가답게 들어가는 입구부터 스페인의 유명 인사들의 사진이 걸려있다. 테라스로 강렬한 햇볕이 내리쬐어 실내를 환하게 밝혀주고, 대저택의 우아한 장식품도 함께 구경할 수 있어 보데가라는 이름이 어색할 정도이다. 한쪽에는 와인을 숙성시키는 커다란 오크통 여러 개를 겹겹이 쌓아놓아 역시 전통 있는 선술집이라는 것을 넌지시 보여주고 있다.

식사하는 장소로 가기 위해서는 안뜰을 지나야 하는데 천장을 투명하게 만들어 안달루시아의 환한 햇볕이 그대로 들어와 실내를 밝힌다. 그 밝은 빛은 실내 곳곳에 있는 타일을 비춰 멀리서도 반짝이는 모습을 볼 수 있다. 말라가와 같은 남부 지역은 늘 태양이 뜨겁게 비춰 집의 색깔, 모양이 환경에 맞게 진화해 나갔다. 예를 들어 환한 안뜰을 만들기 위해 지붕을 막지 않거나 태양빛을 반사시키기 위해 외관을 하얗게 칠했다. 어떤 마을은 온 마을이 하얗게 꾸며진 경우도 종종 있다. 똑같이 흰색으로 칠해진 집마다 저마다의 정체성을 표현하기 위해 타일을 적극적으로 활용했는데, 꽃을 사랑하는 가족이 있는 집이라면 타일에 꽃 문양을 그려 바깥에 걸어 놓기도 하고, 살고 있는 사람의 이름을 적어 놓기도 하였다. 저마다 개성있는 타일을 만들고 그 기술을 계속 발전시켜 오늘날 집 외관뿐만 아니라 집안 곳곳에서도 타일 장식을 볼 수 있을 정도로 스페인 사람들의 삶 깊숙이 들어와 있다.

타파스 & 카페 맛있는 스페인에 가자

스페인 사람들은 그 어떤 나라보다 먹고, 자고, 대화하는 평범하지만 일상을 이루는 삶의 단편들을 무척 중요하게 생각하는 것 같다. 가장 단순하지만 먹는 것이 행복이라는 신념으로 맛있는 요리를 개발하기 위해 몇 십년간 레시피를 개발하는 장인들을 많이 보게 되는데 엘 핌피도 마찬가지이다. 엘 핌피 역시 해산물 요리 레시피를 개발하기 위해 수 십년간의 연구를 통해 하나 하나 요리를 탄생시킨 것으로 유명하다. 문어, 새우, 명란 요리가 가장 대표적인 이 가게의 자랑거리인데 특히 문어 요리는 겉으로 보기엔 무척 소박해 보이지만 와인과 함께 먹었을 때의 그 맛을 잊을 수가 없다. 많은 사람들이 '문어 한 입에 말라가 바다를 맛보았다'고 표현할 만큼 엘 핌피의 문어 요리는 부드러우면서 강렬하다. 밑에 깔려 있는 감자와 함께 먹으면 더욱 그 풍미가 깊어진다.

TIPS

보데가(BODEGA)란?

스페인에서 길거리를 돌아다니다보면 어느 도시를 가든 카페테리아 만큼이나 '보데가'라는 단어를 자주 보게 된다. 심지어 말라가에서는 버스 정류장보다 보데가를 더 많이 본 것 같다. 보데가는 옛날에는 어부나 농민 같은 노동자 계층이 일을 하고 간단히 와인이나 술 한잔 할 수 있는 장소였다. 요즘에는 와인이나 술을 마실 수 있는 공간'이라면 모두 보데가로 칭한다. 바르BAR와 헷갈릴 수도 있는데 스페인의 바르는 우리나라와 약간 개념이 다르다. 우리나라에서 바BAR에 가자고 하면 술, 맥주를 마시러 가자는 의미가 강하지만 스페인에서 바르에 가자고 하면 맥주, 커피, 코코아 등 음료를 판매하는 곳의 이미지가 크다. 물론 저녁에는 맥주나 주류를 팔지만 아침에는 꼬마 아이들도 바르에 와서 코코아 한 잔 마시고 간다. 그러니까 보데가는 어른들이 와인이나 맥주를 즐기는 선술집이고 바르는 맥주를 포함한 다양한 음료를 마실 수 있는 장소라고 생각하면 된다.

스페인의 많은 레스토랑이 그렇듯 엘 핌피 역시 다양한 식재료를 사용한다. 대표 요리는 해산물을 이용한 것들이지만, 소고기, 닭고기, 각종 채소를 버무려 만든 요리 역시 맛볼 수 있다. 말라가라는 지역 자체가 수천 년 전부터 고대 로마, 아랍, 가톨릭 등 이질적인 문화가 한데 섞여 있어 요리 역시 그 영향을 많이 받아 독특하다.

식사 후에는 가게 한켠의 오크통 안에서 숙성된 와인 한잔을 마셔보길 추천한다. 말라가의 보데가는 대부분 기성 와인이 아니라 자체 생산한 와인을 판다. 이곳에서만 맛볼 수 있는 와인이라 의미가 크다. 단맛과 담백한 맛 중 본인의 취향을 이야기 하면 맞는 와인을 추천해준다. 왜 그토록 스페인 사람들이 '음식'에 열광하는지, 촉촉한 문어 요리와 와인 한잔에 간접적으로 알게 된다. 맛깔나는 음식은 가장 강력하고 즉각적인 행복이다. 말라가를 스페인 최고의 휴양지로 꼽는 데에는 음식도 한 몫 한다. 말라가의 음식은 가장 익숙하고 가까운 곳에서 찾을 수

있는 최고의 행복이다. 사람이 사는데 먹는 것을 빼놓고 행복을 말할 수 있을까? 가장 기본적인 것에서 얻는 최소한의 행복을 느끼고 간다.

보데가 엘 핌피 BODEGA EL PIMPI

위　　치　말라가 대성당에서 Calle Molina Lario를 따라 3분 정도 걸어간다.
　　　　　　Calle granada 거리로 우회전하여(Noodles & Go 간판이 보이는 방향)
　　　　　　3분 정도 걸어가면 찾을 수 있다.

주　　소　CALLE GRANADA, 62, 29015 MÁLAGA, SPAIN

전화번호　+34 952 22 54 03

영업시간　09:00~02:00

가　　격　Paltitas Pulpo (문어 요리) 6.5€, Salmon salsa citrico(연어 구이) 15€,
　　　　　　Sangria(상그리아) 2.1€, Sprite(스프라이트 음료수) 1.9€

빠에야가 맛있는 집
바 77 코파스

　　사실 '빠에야'는 스페인 음식하면 바로 떠오를 정도로 스페인을 대표하는 음식이지만 아이러니하게도 정작 스페인에서 맛있는 '빠에야'를 찾기란 쉽지 않다. 남부 지방으로 내려갈수록 소금을 너무 많이 넣어 빠에야를 한 입 물면 음식을 먹는게 아니라 소금을 먹는 것처럼 짠맛이 강하게 느껴지기 때문이다. 게다가 빠에야는 생각보다 손이 많이 가는 음식이라 오래전부터 전해져 내려오는 방법 그대로 만드는 곳이 거의 없다. 빠에야를 제대로 만들려면 육수를 푹 고아 우려내고 올리브유를 철판에 둘러 육수의 맛과 올리브 향이 적당이 우러나와야 한다. 빠에야에 들어가는 다양한 해산물, 채소를 잘 손질하여 오랜 시간 끓여 맛을 내야 진정한 빠에야라 할 수 있다. 하지만 이렇게 정성을 다해 빠에야를 만드는 가게 대신 요즘에는 대부분 슈퍼에서 파는 인스턴트 빠에야를 만들거나 간편식으로 이미 반조리 된 빠에야를 전자레인지에 넣어 데운 뒤 관광객들에게 제공하는 가게가 많다. 이런 인스턴트 빠에야의 텁텁한 맛에 실망하고 있을 즈음 우연히 말라가 거리를 걷다 말라가 대성당 부근의 한 가게에 기대 없이 들어갔다. 바 77 코파스였다.

르네상스 양식의 결정체인 말라가 대성당 근처에는 말라가에서 이름난 맛집들이 참 많다. 보편적인 스페인 음식을 판매하는 레스토랑 중에서도 가장 오랜 기간 영업하며 특별한 맛이 있다고 자부하는 레스토랑들이 몰려있는 구역이기 때문이다. 말라가는 바닷가 인근에 위치한 도시라 생선요리가 많은데 그 중에서도 멸치, 정어리 요리는 일품이다. 멸치나 정어리는 말라가에서 특히 중요한 생선으로 굽거나 튀겨 맥주와 곁들여 먹는다. 품질이 좋은 정어리는 꼬치에 꽂아 구워 먹기도 하는데 이렇게 꼬챙이로 구운 요리를 아예 에스뻬토스ESPETOS 라는 이름을 붙여 먹곤 한다. 바 77 코파스에서도 말라가의 신선한 해산물 요리를 만나볼 수 있다. 길다란 바 테이블 위에는 코퀴나스(조개찜)와 스페인식 또르띠야가 먹음직스럽게 진열되어 있다. 코퀴나스는 주로 카디스 CADIZ 해안에서 발견되는 작은 조개로 화이트 와인을 넣어 담백하게 찜을 해서 먹는다. 마늘을 넣어 먹기도 하고 담백하게 화이트 와인만 넣어 쪄먹기도 하는데 워낙 조개가 신선해 추운 겨울날 조개찜과 와인 한잔이면 인생 요리가 탄생한다. 스페인식 또르띠야도 메뉴에 있는데 계란, 감자, 양파가 들어가 조금만 먹어도 금방 배가 불러 한 끼 식사로 적당하다.

와인과 잘 어울리는 '감바스(새우)'나 '하몽' 역시 이 가게에서 찾아볼 수 있다. 감바스 요리와 먹물 빠에야를 주문했다. 감바스 요리는 오동통한 새우를 올리브유와 마늘을 넣고 익혀 먹는데 마늘과 올리브가 어우러져 깊은 풍미를 만든다. 일반적으로 가격은 바르셀로나보다 대략 30%정도 저렴해 푸짐하게 먹을 수 있다.

보통 타파스는 빨리 나오는 편인데 감바스 요리를 다 먹고도 5분 정도 시간이 지나도 좀처럼 빠에야가 나올 생각을 하지 않는 것이었다. 멀뚱멀뚱 앉아있다 허겁지겁 감바스를 먹느라 보지 못했던 바 77 코파스 내부를 둘러보기로 했다.

약 8~10명 정도만 들어가면 꽉 차보이는 실내에는 별다른 인테리어 없이 투박하게 음식과 와인만이 이 집의 정체성을 이야기하고 있다. 일반 스페인의 선술집답게 사람의 손때가 제법 많이 묻어있어 오래된 노포의 내공이 느껴진다. 현란한 광고판 대신 말라가에서 나오는 와인이 한쪽 벽면에 가득히 보인다. 한쪽 구석에는 필리핀에서 스페인의 영향을 받아 만든 '산 미겔' 맥주도 보인다. 산 미겔 맥주는 한때 스페인 식민 지배를 받았던 필리핀 사람들이 스페인에 영향을 받아 만든 국민 맥주이다. 이 맥주가 다시 스페인 사람들에게 전해져 스페인 사람들의 입맛을 사로잡아 역으로 스페인에 공장까지 만든 맛좋은 맥주이다. 내부를 천천히 둘러보는 사이 드디어 먹물 빠에야가 나왔다.

"너무너무 배가 고팠어요!"
"아! 냉동 빠에야가 아니라 직접 육수를 우려내 만든 거라 10분 이상 오래 걸려요. 봐요, 우리가 다 직접 만든 것이에요."

언뜻 보니 밥알 하나하나에 윤기가 흐른다. 묵직한 국물이 살짝 보여 빠에야를 오랫동안 졸인 것이 느껴진다. 빠에야 단품은 가격이 대부분 10유로 이상이라 한국의 물가 대비 한끼 식사치곤 비싼 편이다. 하지만 동그란 팬의 크기와 빠에야 양을 보는 순간 그런 생각은 바로 사라진다. 둘이서 함께 먹기도 꽤 많은 양에 보기만 해도 벌써 배가 부른다. 팬이 식탁 위에 올라가자마자 우리는 보글보글 끓는 빠에야를 최대한 유지한 채 각자의 접시에 담았다. 빠에야는 겉보기엔 우리나라의 해물 볶음밥과 비슷하지만 먹는 매너가 약간 다르다. 우리나라 철판 볶음밥

감바스 요리

은 각자 한 사람씩 접시에 담기 전에 재료와 밥을 최대한 뒤섞어 양념과 밥이 잘 버무려지도록 만들지만 빠에야는 재료를 뒤섞지 않고 그대로 유지한 채 떠먹는 것이 매너이다. 걸쭉한 육수와 밥을 함께 먹는다. 직접 고아 만든 육수에 오징어 먹물도 고소해 빠른 속도로 빠에야를 먹기 시작했다. 먹는 데만 집중하며 빠에야를 한 입씩 퍼 먹다 보니 어느새 빠에야의 큰 팬에 눌러 붙은 밥인 소카랏SOCARRAT까지 보인다. 돌솥비빔밥, 철판 볶음밥에서 가장 맛있는 부분은 누룽지이듯 빠에야에서 가장 맛있는 부분은 뭐니뭐니 해도 소카랏이다. 최후의 소카랏까지 벅벅 긁어 먹는 사이 점점 배가 불러온다.

언제부터인가 밥 한 끼를 먹더라도 누군가와 함께 같은 요리를 나눠 먹는 기회가 열손가락 안에 꼽을 정도이다. 다들 너무 바쁘고 취향도 제각각인데다 굳이 함께 먹는 것 자체가 피곤한 일상이기 때문이다. 그런데도 내가 아끼는 사람들이 있다면 주저하지 않고 근처에 있는 "빠에야" 가게에 데려간다. 누구나 만족할만한 메뉴를 찾기가 참 어려운데 빠에야는 우리나라 사람부터 스페인 사람까지 누구나 선호하는 편인데다, 동그란 팬을 서로 바라보며 한 숟가락씩 같은 음식을 떠먹고 웃는 시간을 공유할 수 있기 때문이다. 빠에야를 함께 먹는 다는 것은 눌러붙은 밥알을 먹는 것 외에 함께 같은 공간에서 행복한 시간을 공유한다는 의미이다. 사람들이 더욱 바빠지고 개개인의 취향이 다양해질수록 반대로 빠에야의 인기는 높아질 것 같다. 어딘가 허한 마음 한 구석에는 사람의 온정이 느낄 수 있는 밥 한 끼, 진짜배기 빠에야가 그립기 때문이다.

〰〰〰〰〰〰〰〰〰〰〰

바 77 코파스 BAR 77 COPAS

위   치 말라가 대성당에서 Calle Molina Lario를 따라 3분 정도 걸어간 후 Calle Calderería 거리를 따라 걸어간다.

주   소 CALLE CALDERERÍA, 4, 29008 MÁLAGA, SPAIN

전화번호 +34 952 22 80 26

영업시간 09:00~12:00

가   격 해산물 빠에야 18€(2인분), 먹물 빠에야 18€(2인분), 모듬 치즈 9€, 닭날개 7.5€, 참치 뱃살 구이 15€, 문어 요리 6.5€

〰〰〰〰〰〰〰〰〰〰〰

말라가 최고의 북카페
카페 콘 리브로

언제부터인가 낯선 여행지를 가면 여러 도시를 많이 돌아다니기 보다는 한 도시의 한 구역에 오랫동안 정착해 도시의 결을 느끼고 현지인들을 바라보는 시간을 추구하게 되었다. 말라가라는 도시에 들어서서도 한동안 마음에 드는 카페에 처박혀 책을 읽고 사람들을 구경하며 시간을 보냈다. 그러면서 스페인 남부 지역의 카페에서는 어떤 음료를 주로 마시고, 어떤 카페 문화를 만끽하는지 흥미롭게 관찰한다.

내가 경험한 대부분의 북카페는 벽면에 온통 책들이 가득 채워져 있고 각자 쥐죽은 듯 조용히 자신만의 시간을 보내는 장소였다. 반면 말라가의 북카페는 책을 모티브로 한 다양한 소품들로 꾸며져 있고 책도

카페 콘 리브로의 입구

많이 쌓여있지만 독서실처럼 조용한 분위기인 곳은 단 한곳도 없었다. 말라가의 가장 대표적인 북카페인 '카페 콘 리브로'의 경우 보통 북카페라면 상상도 못할 락 음악이 흘러나와 쾌활한 분위기를 연출한다. 실내 인테리어도 높은 채도의 강렬한 빨강, 노랑으로 도배를 해놓아 '북카페는 마땅히 이럴 것이다.'라는 예상을 빗나갔다. 그런데도 책을 읽거나 공부를 하는 사람들이 꽤 많이 보인다.

예술과 관련된 책이 곳곳에 있어 고개만 살짝 돌리면 흥미로운 책으로 손이 간다. 푹신푹신한 소파에 걸터앉아 손에 집힌 책을 읽기 시작하면 스페인어로 뭐라고 적혀 있는지도 모르겠지만 사진만 봐도 시간

가는 줄 모르고 사진을 감상하게 된다. 카페는 벽면을 기준으로 여러 공간으로 나뉘는데 바깥에서 입구만 힐끗 보았을 땐 작아 보이지만 막상 안으로 들어가면 깊숙이 다른 공간들이 이어진다. 마치 미로처럼 이 공간 저 공간이 따로따로 구분되며 연결되어 있는데 장소마다 벽면의 색상도 다르고 장식하는 조형물도 다르고 비치된 책도 달라 서로 다른 카페 여러 곳이 연결되어 있는 느낌이다. 하지만 어느 방을 가도 푹신푹신한 소파는 많아 푹 처박혀 잠수타듯 책읽기 좋은 카페이다. 결코 조용하지 않지만 꾸벅꾸벅 잠을 청하는 사람도 많은 것을 보면 나뿐만 아니라 다른 사람들도 집안의 다락방 같은 편안한 감정이 느껴지나 보다.

카페의 본질을 뭐니뭐니 해도 커피이다. 북카페의 독특한 분위기처럼 커피 종류도 독특하다. 이곳에서 가장 인기가 많은 커피는 술을 섞어 만든 커피이다. 럼주와 커피를 섞어 만든 음료부터 각자 자신이 원하는 레시피를 주문해 만드는 음료까지 다양하다. 오렌지, 연유, 커피 등 여러 가지 재료를 섞어 만든 음료 종류도 꽤 많다. 간단히 식사도 할 수 있어 반은 술에 의지한 채 반은 커피에 의지한 채 간단히 끼니를 때우며 저마다의 휴식을 취한다.

이 카페의 하이라이트는 엉뚱하게도 화장실이다. 온갖 독특한 사진과 일러스트 작품들이 화장실 벽면을 가득 메워 예술적 감각이 여실히 드러난다. 세계 각지의 자연 풍경과 빛바랜 동물들 사진과 함께 빈티지한 색감의 일러스트 구성이 재미있다. 의외의 장소에서 발견한 이런 재치가 낯설게 느껴지면서도 흥미롭다.

한국에서도 스페인에서도 틈만 나면 내가 좋아하는 빵집과 카페를 가곤 하지만 이렇게 개성 있는 카페를 만나면 반가운 마음이 먼저 생긴다. 여행을 하면 현실에서 잠시 벗어나 나 자신, 내가 겪고 있는 환경, 좁게는 장소를 낯설게 돌아보게 된다. 단순히 현실에서 벗어나는 것은 일종의 도피이지만 내가 처한 환경을 새롭고 낯설게 보는 것은 성찰이다. 낯선 상황 속에 내가 있을 때 무엇을 받아들이고, 무엇을 버려야 할지 명확해진다. 말라가의 이 독특한 북카페에서 이 장소를 통해 당당한 개성이 갖는 힘을 느끼게 되었다. 다양하고 독특한 개성이 모였을 때 우리가 속한 세상이 보다 풍성해지지 않을까 생각해본다.

카페 콘 리브로 CAFÉ CON LIBROS

CAFECONLIBROSMALAGA.COM/

# 위 치	말라가 대성당에서 Calle Molina Lario를 따라 10분 정도 걸어간다. 피카소 생가에서 더 가까운데 걸어서 3분 거리이다.
# 주 소	PLAZA DE LA MERCED, 19, 29012 MÁLAGA, SPAIN
# 전화번호	+34 952 21 51 89
# 영업시간	09:00~02:00
# 가 격	카페 나랑하 초코 2.1€(오렌지, 초콜릿이 들어간 커피), 카페 소울 2.5€(알코올이 들어간 커피), 바나나 우유 3€, 초콜릿 우유 3€, 토마토, 치즈 토스트 2.3€

몸에 좋은 유기농 빵집
줄리아 베이커리

수년 전 '줄리 앤 줄리아JULIE AND JULIA'라는 영화를 보았다. 미국에 프랑스 요리를 보편화시킨 전설적인 쉐프 '줄리아 차일드'와 요리 블로거 '줄리'를 다룬 영화이다. 영화는 뉴욕의 평범한 회사원 줄리가 줄리아 차일드의 책을 읽고 무료한 직장생활 중에 프랑스 요리를 실험하고 그 과정을 블로그에 하나하나 기록하면서 일약 미국의 스타가 되는 과정을 그렸다. 영화 속 주인공이 내 나이 또래의 여자였고, 나 역시 '꾸준히'라는 미덕에 대해 늘 생각을 하고 있던 때라 오랫동안 기억에 남는 것 같다. 줄리아 베이커리를 소개하며 영화 이야기를 하는 이유는 베이커리를 운영하는 파티쉐가 영화 속 주인공과 비슷하게 생겼고, 영화에서 느껴지는 요리에 대한 열정이 이 가게에서도 똑같이 느껴지기 때문이다.

말라가 중심에서 10분 정도 떨어진 거리에 있는 베이커리는 관광객이 보이지 않는다. 말하자면 동네 사랑방으로 주변에 사는 말라게뇨MALAGUEÑOS : 현지 말라가인들이 모여 담소를 나누는 곳이다. 좀처럼 관광객은 오지 않는 곳에 위치해 있지만, 빵에 대한 열정과 맛이 현지인들 사이에 알려지면서 말라가 지역 신문에 나는 등 인기 베이커리로 자리매김하고 있다. 나와 남편을 제외한 베이커리를 찾은 이들 모두가 이웃이고 친구들이라 늘 대화 소리가 끊이지 않고 들린다.

말라가의 사랑방답게 가게에는 현지 사람들이 즐겨 먹는 빵들이 가득하다. 스페인 최대 올리브 생산지답게 올리브 오일이 들어간 빵부터 올리브를 발효시켜 반죽에 넣어 만든 빵까지 다양하다. 최근 스페인에서도 '웰빙'에 대한 관심이 뜨거워 건강한 재료로 만든 빵에 대한 관심이 높아져 올리브로 만든 빵도 인기가 많아지고 있다. 안달루시아의 전통 빵인 카테토CATETO와 몰레MOLLETE 역시 줄리아 베이커리의 대표 메뉴이다. 카테토 빵은 수분 함유량이 매우 적어 퍽퍽하지만 그 위에 잼이나 각종 토핑을 올려 식사 대용으로 먹는다. 몰레 빵은 주로 아침 식사로 먹는데 동그란 빵에 올리브유를 듬뿍 발라 먹는다.

이 외에 생크림이 폭신폭신하게 올라간 케이크, 치즈 케이크, 작고 귀여운 컵케이크 등 10종류가 넘는 케이크도 있다. 애플파이에는 옛날 할머니가 만들어주시던 것처럼 사과가 통째로 들어있다. 커피도 함께 팔고 있는데 여느 스페인 카페처럼 아이스 커피는 찾아볼 수 없지만 차가운 빵과 뜨거운 커피가 제법 잘 어울린다.

　　자연광이 화사하게 들어오는 실내는 환하다. 자연광을 사랑하는 스
페인 사람들답게 커다란 창문을 내어 놓았다. 좌석마다 초록빛 식물들
도 있고 수많은 다육식물들이 창가마다 놓여있어 보기만 해도 마음이
편안해진다. 창가에 앉아 햇살을 담은 커피와 빵을 먹으며 혼자만의 시
간을 가져본다. 여유롭게 느껴지는 오후 시간, 아주 잠깐의 휴식을 취
하기에 그곳은 무척이나 따스하고 아늑하다.

~~~~~~~~~~~~~~~~~~~~~~~~~ TIPS ~~~~~~~~~~~~~~~~~~~~~~~~~

스페인에서는 차가운 빵을!

우리나라에서는 김이 모락모락 나오는 따끈따끈한 빵이 맛있는 빵이라는 인식이 있지만 스페인 사람들은 반대로 빵은 식혀 먹어야 제맛이라고 생각한다. 일부 지역에서는 '뜨거운 빵은 치아에 해롭다', '뜨거운 빵은 소화에 좋지 않다.'는 말이 전해져 내려오기도 해 갓 나온 빵을 찾기가 쉽지 않다. 차가운 빵과 뜨거운 커피를 함께 먹는 것은 이들에게 무척 일상적인 생활이니 김이 모락모락 나는 빵을 찾지 못한다고 해도 너무 아쉬워하지 말자.

~~~~~~

줄리아 베이커리 JULIA BAKERY
JULIACUPCAKESMALAGA.BLOGSPOT.COM/

위 치 말라가 대성당에서 Calle Molina Lario를 따라 10분 정도 걸어간다.
Bar 7 corpas를 지나 Calle sta Lucia를 따라 5분 정도 걸어가 같은
방향에 있는 Calle Andrés Pérez 쪽으로 3분 정도 걸어가면 찾을 수 있다.

주 소 CALLE CARRETERÍA, 44, 29008 MÁLAGA, SPAIN

전화번호 +34 623 17 65 96

영업시간 09:00~14:30, 17:00~20:30

가 격 연어, 치즈 베이글 5€, 햄, 치즈, 토마토 상추 베이글 4€, 오렌지주스 2.6€,
레몬주스 2.6€, 컵케이크 2.5€, 크루아상 1.85€, 커피 케이크 2.5€,
비건 스콘 1.85€, 레몬바 2€

~~~~~~

스페인 사람들은
군밤을 좋아해

스페인어를 처음 배울 때 처음에는 간단히 자기소개를 배우고 몇 주 지나고부터 색깔을 배우기 시작한다. 빨간색, 파란색을 배우고 밤색을 배우는데 스페인도 똑같이 짙은 갈색을 밤색이라고 부르는 것이었다.

"선생님 스페인 사람들도 밤을 좋아해요?"
"물론이죠, 밖에 나가보면 군밤 파는 사람들이 엄청 많을 걸요?"

선생님의 말씀처럼 스페인에 여행 갔을 때 꽤 자주 '군밤 파는 아저씨들'을 만났다. 철판 위에는 조그만 군밤 기계가 붙어 있는데 어찌나 김이 모락모락 나는지 멀리서 봐도 군밤 파는 구나 알 수 있을 정도였다. 군밤 기계는 우리나라에서 보던 기계와는 약간 다르다. 우리나라에서 전자식 군밤 기계를 설치하거나 까만 철통에서 군밤을 굽는다면 스페인 군밤 기계는 철판에 원형 통이 툭 튀어 나온 게 마치 굴뚝처럼 보인다. 양념(보통 소금)을 넣어 밤을 굽느라 기계 주변에 하얀 소금이 다닥다닥 붙어 있는 경우도 많다. 철판 한쪽 모퉁이에는 아직 안 구워진 햇밤들이 쌓여 있는데 밤의 크기나 모양은 우리나라에서 많이 보던 밤과 똑같이 생겼다. 스페인 사람들은 이 밤에 칼집을 내어 구워 팔기도 하고 소금 간을 해서 소금구이로 먹기도 한다. 지역에 따라 다르지만 한 봉지에

대개 1.5유로에서 2유로 정도이며 현금을 지불하면 고깔 모양 종이나 종이봉투에 군밤을 가득 담아 주신다.

겨울이 되면 말라가, 세비야와 같이 남부지역의 광장에서도 쉽게 군밤 장사를 볼 수 있고 마드리드에서는 한국에서보다 더 자주 본 것 같다. 내가 느끼기에 우리나라에서 붕어빵 장사 만나는 것과 비슷한 정도로 스페인 군밤 장사를 만나는 것 같다. 이상하게 군고구마 장사는 많이 못 본 것 같다. 군고구마도 같이

팔아주세요 라고 말하고 싶지만 오지랖 같아 그냥 주는 대로 군밤을 먹는데 가끔 너무 짜 한국에서의 담백한 군밤 맛이 그리워 질 때가 많다. 10월부터 2월까지가 한창 군밤 장사가 잘 될 무렵이다. 당시에는 군밤이 짜거나 비싸 별로라고 생각했는데 막상 스페인에서 군밤 먹는 것도 소소한 재미 중 하나이다. 날씨가 서늘해질 무렵 군밤 하나 먹으면서 길거리를 걷고 싶다.

celona

~

## PART 04

마드리드
MADRID

Islas Balearies

Islas Canarias

마드리드는 스페인 500년 역사를 갖고 있는 수도이자 스페인을 대표하는 왕궁이 있는 곳으로, 유럽에서 인구가 많은 것으로 다섯 손가락 안에 드는 대도시이다. 또 유럽의 도시들 중 가장 고지대에 위치한 수도로 오랜 전통과 매력이 있는 도시이기도 하다.

옛날, 지금의 마드리드 인근 '만사나레스 강RÍO MANZANARES'을 중심으로 사람들이 모여 살기 시작했다. 비옥한 토지와 강물 덕에 농사를 짓고 상업을 하며 도시는 번영하게 된다. 도시의 이름인 '마드리드'는 아랍어로 '물의 원천'을 뜻하는 '마헤리트'라는 단어에서 유래한 것이다. 정작 마드리드에 가면 우리나라의 한강처럼 남과 북을 가로지르는 규모의 강은 볼 수 없지만 왕궁 주변으로 산책할 수 있는 7km 정도의 만사나레스 강이 지금도 있다.

수백 년 동안 많은 사람들이 오갔을 마요르 광장이나 산 미구엘 시장은 물론 유럽의 3대 미술관 중 하나인 프라도 미술관도 마드리드에 있다. 스페인의 상징인 왕궁까지 있어 정치, 경제, 문화의 심장부 역할을 하고 있다. 또 단순히 한 국가의 수도를 넘어 이베리아 반도의 중추 역할도 하고 있다.

사계절 내내 온난하고 볼거리가 많아 늘 수많은 관광객들이 찾아오는 도시이다.

마드리드에서 즐기는
인문학 여행 5가지

01 세계적인 박물관, 미술관 여행하기

마드리드에는 유럽 3대 미술관이라는 '프라도 미술관'이 있다. 왕실에서 수집한 미술품을 한데 모아놓아 그 질과 양이 어마어마하다. 근대 예술품, 현대 미술을 감상하고 싶다면 '레이나 소피아 미술관'을 찾아보자. 과거 종합 병원이었던 건물을 미술관으로 리모델링하여 독특한 분위기를 자아낸다. 다다이즘, 초현실주의 등 결이 다양한 현대미술을 소장하고 있다.

이 밖에도 사진, 조각, 의류패턴 등 다양한 주제의 크고 작은 미술관과 박물관이 모여있으니 예술에 관심이 있는 사람이라면 이를 위해서라도 마드리드에 들를 만 하다.

02 스페인의 자존심, 스페인 왕궁 구경하기

스페인은 아직 왕정 체제를 유지하고 있다. 때문에 수도 마드리드에 가면 왕실의 전통을 느낄 수 있는 스페인 왕궁을 볼 수 있다. 바로크 양식의 웅장한 왕궁은 왕실의 위엄을 보여준다.

03 스페인 문학의 거장 세르반테스 만나러 가기

노벨 문학상 수상자들이 꼽은 세계에서 가장 훌륭한 문학 작품인 '돈키호테'는 스페인 문학의 대표작이다. 마드리드의 스페인 광장에는 '돈키호테'를 쓴 세르반테스의 동상이 있다. 돈키호테의 등장인물도 광장 한켠에 자리 잡고 있어 스페인 사람들이 얼마나 돈키호테와 세르반테스를 자랑스러워하는지 느낄 수 있다. 수백 년이 지나도 사람들 마음속에 잊히지 않은 명작인 돈키호테를 기억하며 마드리드 여행을 떠나보자.

04 그란비아에서 읽는 스페인의 경제 트렌드

'큰 길'이라는 의미의 그란비아에는 마드리드 경제를 주름잡는 기업들이 한데 모여 있다. 1901년부터 스페인 국가 차원에서 집중적으로 계획하여 조성한 거리로, 세계적으로 유명한 명품 거리도 그란비아와 연결되어 있고 방송국, 뮤지컬 공연장, 콘서트장이 모여있어 경제, 문화의 중심 역할을 하고 있다.

05 밤에 더욱 화려해지는, 산 미구엘 시장

수백 년의 세월을 담은 시장이 있다. 낮보다 밤이 더 아름다운 '산 미구엘 시장'은 신선하고 맛있는 식재료와 요리를 맛볼 수 있는 재래시장이다. 통상 재래시장하면 케케묵은 오래된 가게로 사람들 머릿속에 인식되어 있지만 산 미구엘 시장은 통유리의 세련된 건물에 재래시장 특유의 활기를 느낄 수 있다.

솔 광장은 마드리드의 중심부이다. 또 스페인 각지로 통하는 9개의 주요 도로가 시작하는 곳이다. '태양의 문'이라는 이름답게 솔 광장은 사시사철 언제나 붐비는 사람들의 뜨거운 열기가 가득한 활발한 분위기이다. 마드리드의 랜드마크인 곰과 마드로뇨 나무 동상도 솔 광장 한 켠에 자리 잡고 있다. 곰 동상은 아주 오래 전 이 지역에 곰이 자주 나타났기 때문에 세운 것인데 예전에는 이곳이 '곰의 땅'이라는 뜻의 우르사리아URSARIA라고 불렸었다는 점을 생각하면 얼마나 곰이 자주 나타났을지 짐작해볼 수 있다.

마드리드로 떠나볼까?

마드리드 바하라스 공항에서 시내로 가는 방법 ~~~~~~~

❶ 근교 열차CERCANIAS, 세르카니아스 **이용하기**

마드리드 공항과 시내 주요 역(아토챠 역, 프린시페 피오 역, 차마르틴 역)과 연결되어 공항과 도시 간 이동할 수 있다. 열차는 30분 간격으로 운행된다. 마드리드 터미널 4T4의 메트로, 렌페 안내데스크 옆에 티켓 발매기가 있다. 메트로 발매기와 렌페 발매기가 모두 있어 헷갈릴 수 있는데 반드시 렌페 발매기에서 구입을 해야 한다.

◆ 운행시간 : 공항 06:00~23:30, 30분마다 운행
◆ 비용 : 2.60€

❷ 지하철 이용하기

국내 항공을 타고 가면 터미널 1에서 내리는데 약 5분간 걸어 터미널 2,3으로 이동하면 지하에 메트로가 있다. 8호선이 공항과 도심을 연결한다. 8호선 종착역인 누에보 미니스테기오 역에서 공항까지 약 20분 정도 소요된다. 공항 터미널 1,2,3에서 이용하려면 Aeropuerto T1, T2, T3 역에서 탑승한다. 터미널 4에서 메트로를 이용하려면 Aeropuerto T4를 이용한다.

지하철은 종이가 아닌 마드리드 교통 카드로 운영한다. 교통카드는 환급이 되지 않고 10년 동안 사용할 수 있다. 여러 명이서 목적지가 같다면 함께 사용할 수 있다.

◆ **운행시간** : 공항 6:00~다음날 01:30
◆ **비용** : 카드 발권 2.5€, 메트로 기본요금에 공항료 3€ 추가, 1회 기준 공항에서 5정거장까지 4.5€

❸ 버스 이용하기

리무진 버스는 24시간 운행한다. 공항의 버스 표지판을 따라가면 버스 터미널을 찾을 수 있다. 아토차 역까지 운행하며 심야 시간에는 시벨레스 광장 앞까지 간다.

◆ **운행시간** : 24시간 운행 ((낮 : 15분 간격, 밤 : 약 40분 간격))
◆ **비용** : 5€ (버스 운전자에게 직접 전달한다)
◆ **이동 노선** : 공항 — 오도넬 O'DONNELL — 시벨레스 CIBELES(시벨레스 광장) — 아토차 ATOCHA

마드리드 볼거리

01 왕궁

실제로 1931년까지 스페인 왕족이 거주했던 장소이다. 지금은 공식 행사 때만 사용하지만 스페인 권력의 상징과도 같은 장소이다. 약 3000여 개의 방이 있는데 일반인들에게는 50여 개만 한정적으로 공개하고 있다. 로코코 양식의 정수를 보여주는 '가스파리니의 방'은 왕궁에서 가장 아름답기로 손꼽히는 장소이다. 진기한 문화유산을 소장한 것으로도 유명한데 세계 유일의 스트라디바리우스 현악 5중주 세트 외 수많은 예술품을 보유하고 있다.

02 마요르 광장

한때 마녀사냥과 투우 경기, 장터가 열렸던 장소를 1617년 펠리페 3세의 명으로 2년에 걸쳐 정비하여 광장의 모습으로 탄생시킨 곳이다. 이후 3번의 화재로 초기 건축 당시의 모습은 많이 사라졌지만, 1854년 보수 공사로 인해 현재의 고풍스런 모습으로 변화하였다. 가로 122미터, 세로 94미터의 직사각형 모양이며, 중앙에는 펠리페 3세의 동상이 자리하고 있다.

광장은 밤이든 낮이든 밤이든 낮이든 언제나 사람들이 붐벼 발 디딜 틈조차 찾기 어렵다. 건물 1층에는 레스토랑과 카페가 있고 2층부터 4층까지 실제 스페인 사람들이 거주하는 공간이다. 마드리드에서 열리는 대부분의 축제는 이곳에서 진행할 만큼 스페인 젊은이들이 가장 좋아하고 즐겨 찾는 광장 중 하나이다.

03 스페인 광장

스페인을 대표하는 거장 '세르반테스' 동상이 있는 광장이다. 광장 안쪽으로 들어오면 분수와 아름답게 조화를 이루는 기념탑이 보인다. 기념탑 가운데 앉아있는 동상이 스페인의 대표적인 문호 세르반테스다. 1916년, 세르반테스 사후 300주년을 기념하기 위해 세워졌고 동상 앞에는 돈키호테의 주인공들이 자리 잡고 있다.

04 프라도 미술관

프라도 미술관의 시초는 '왕립 미술관'이다. 스페인 왕가가 수집한 예술품을 일반인들에게 공개하기로 결정하고 미술관을 만들었는데, 이게 지금의 프라도 미술관이다. 12세기 작품부터 20세기 작품까지 총 3만여 점을 전시하고 있으며 특히 스페인 궁정화가들의 작품이 있어 스페인 미술사를 엿보기 좋다.

05 레이나 소피아 예술 센터

프라도 미술관이 12세기 작품부터 20세기의 작품 위주로 전시를 한다면 레이나 소피아 미술관은 현대 예술을 책임지는 미술관이다. 스페인 현대미술의 대가인 피카소, 달리, 호안 미로 등의 작품 16,000여 점이 전시되고 있다. 과거 종합병원으로 사용하던 건물을 리모델링해 미술관으로 활용하는 점도 이색적인 예술 센터이다.

06 레티로 공원

레티로 공원은 죽기 전에 한번쯤 가봐야 할 공원으로 뽑힐 만큼 아름다운 공원이다. 16세기 펠리페 2세가 세운 왕실 전용 정원을 19세기 일반에 공개하면서 그 이후로 쭉 '마드리드의 허파'를 담당하고 있다. 한때 왕가의 별장이자 휴식처이었던 곳인 만큼 관리가 잘 되어 마드리드 시민들이 조용히 사색을 하거나 휴식을 취할 때 많이 찾아가는 곳이다.

밤에 더 화려한, 산 미구엘 시장

MERCADO SAN MIGUEL

스페인에는 아름답기로 유명한 3대 시장이 있다. 바르셀로나의 보케리아 시장, 발렌시아의 중앙시장 그리고 바로 마드리드의 산 미구엘 시장이다. 1916년에 만들어진 산 미구엘 시장은 2009년 대대적인 리모델링을 통해 감각적으로 꾸며 놓았지만 사실 백년 이상의 전통을 갖고 있는 재래시장이다. 하지만 이렇게 오랜 전통을 가진 시장이라고 느끼게 하는 부분은 철골뿐이다. 이 백년의 흔적을 담은 철골을 중심으로 통유리가 에워싸고 있는데, 덕분에 바깥에서 봐도 반짝반짝 빛나는 실내의 불빛과 함께 사람들의 왁자지껄함이 시장의 활기를 고스란히 전달한다. 오전보다 밤의 산 미구엘 시장이 훨씬 활기찬 이유이다.

사실 이곳은 1990년대까지는 현지 상인들이 식재료나 물건을 팔던 보잘 것 없는 조그만 시장이었다. 그러다 큰 화재가 발생하면서 시장의 대부분 구역이 불타 없어지고, 마침 현대적이고 세련된 대형마트들이 등장하며 사람들이 산 미구엘 시장으로의 발길을 끊던 찰나였다. 마드리드 시청은 화재로 소실된 시장을 복구하고 전통시장도 살리기 위해 대대적인 투자를 결정했다. 1999년부터 산 미구엘 시장의 경쟁력을 갖추기 위해 건축 디자이너와 자본이 투입되었고 드디어 2009년, 스페인에서 가장 아름다운 시장으로 탈바꿈하게 되었다.

　시장은 현대적인 대형마트 못지않게 아름다운 모습으로 바뀌었지만 과거의 전통을 고스란히 살리기 위해 시장의 뼈대는 최대한 살렸다. 외관을 전부 통유리로 바꾸는 대신 지붕과 건물의 기둥은 100년 전 처음 세운 것을 그대로 사용하기로 한다. 그래서 산 미구엘 시장은 현대적인 세련됨과 세월의 흔적이 여실히 뒤섞여 있다. 하지만 그 모습이 어색하지 않고 시장의 정체성을 더 잘 보여주고 있다.

　타파스 & 카페 맛있는 스페인에 가자

밤이 되면 일찍 문을 닫는 다른 시장과 다르게 산 미구엘 시장은 밤이 되어서야 비로소 진짜 시장을 만날 수 있다. 대부분 현지인이 아니라 관광객들이지만 너도나도 하몽, 치즈, 와인을 즐긴다. 가격대는 다른 재래시장에 비해 비싼 편이지만 독창적인 디저트와 식재료로 줄을 서서 사야 하는 것들도 많다.

산 미구엘 시장에서 가장 추천하는 가게는 모짜렐라 치즈 가게이다. 연어 모짜렐라, 블루베리 모짜렐라 등 여러 종류의 타파스 위에 모짜렐라 치즈가 아낌없이 듬뿍 발라져있다. 사실 이 가게의 모든 타파스가 모짜렐라 치즈를 주재료로 하는데, 치즈를 직접 만들어 맛이 깊다. 폭신폭신한 식빵 위에 올린 블루베리 치즈가 가장 인기 많은 타파스이다. 연어 타파스도 꽤 인기가 많은데 바게트빵 위에 동그란 모양의 치즈를 올려 한입만 물어도 치즈가 스윽 껌처럼 늘어나 쫄깃하고 재밌다.

음료만 전문적으로 파는 곳도 5~6군데 있다. 마침 모짜렐라 타파스 집 뒤편에 음료만 파는 가게가 보여 자세히 들여다보니 와인, 상그리아, 맥주 등 7~8가지의 마실거리를 팔고 있다. 맥주 대신 탄산음료를 먹고 싶어 사이다SYDA라고 적혀 있는 간판을 보고 사이다를 시켰다. 한국에서 마시는 탄산음료를 생각했는데 알고 보니 사과로 만든 술로 스페인에서 마셨던 맥주보다 알코올 농도가 더 센 술이었다.

산 미구엘 시장도 여느 타파스 바처럼 일어서서 간단히 음료나 타파스를 즐긴다. 상점과 상점 사이에 바 테이블과 간이 의자가 걸쳐 있는데 자리가 상당히 협소한 편이다. 하지만 이마저도 자리 쟁탈전이 필요해 앉아서 먹긴 쉽지 않다.

재래시장이라고 냄새나고 후줄근할 것이라는 편견을 과감하게 깨부수는 시장이 바로 산 미구엘 시장이다. 정감 있는 사람 냄새와 세련된 감각을 함께 느낄 수 있다. 이곳에 가면 그 옛날 상인들의 정감과 청년들의 열정이 함께 느껴진다. 옛것을 무조건 낡고 고루하다 여기는 대신 충분히 존중하며 새로운 것과 뒤섞을 때 또 다른 작품이 나오는 것이 아닐까? 옛것과 새것이 섞여 탄생한 멋진 작품이기에 산 미구엘 시장은 특별하다.

산 미구엘 시장 MERCADO SAN MIGUEL
MERCADODESANMIGUEL.ES/

위　　치　솔 광장에서 Calle Mayor를 따라 6분 정도 걸으면 찾아볼 수 있다.

주　　소　PLAZA DE SAN MIGUEL, S/N, 28005 MADRID, SPAIN

전화번호　+34 915 42 49 36

영업시간　10:00~24:00

가　　격　오징어 샌드위치 9€, 오징어 튀김 1봉지 15€, 킹크랩 다리 반개 13€, 방울토마토 1kg 2.2€, 상그리아 3.2€, 물 한 병 1.2€, 타파스 1.5~5€

산 미구엘 시장
추천 타파스 가게들

✔ 모짜렐라 바   MOZHEART

• **가격대** : 모짜렐라 치즈 타르트 3.5€

치즈의 쫀득함 때문에 피자를 먹고 치즈의 담백함 때문에 케이크를 먹을 정도로 치즈 매니아이다. 다분히 개인적인 취향이긴 하지만 나와 같이 치즈 매니아가 있다면 놓치지 말고 가야 하는 타파스 가게가 바로 모쩨아트이다.

'모쩨아트'는 모짜렐라 치즈를 주제로 타파스를 만드는 가게이다. 타파스 종류는 15가지 정도 되는데 모든 메뉴에 기본으로 모짜렐라 치즈가 들어간다. 그것도 대충 묻히는 정도가 아니라 산처럼 수북이 쌓아 원 없이 치즈를 맛볼 수 있다. 푸짐한 치즈 양 때문인지 보기만 해도 배가 두둑해지는 기분이다.

구운 타파스를 파는

✔ 브로체타스   BROCHETAS

• **가격대** : 새우타파스 6€, 소고기 미트볼 6€

브로체타스는 구운 꼬치요리를 파는 타파스 가게이다. 새우, 치즈, 야채, 숯불 돼지고기 등 다양한 종류의 식재료로 만든 8~9가지의 타파스를 볼 수 있다.

스페인은 가게마다 직접 제조한 맛있는 술이 참 많은데다 심지어 어떤 경우는 물보다 술이 더 저렴한 경우가 많아 술 한 잔 하기 딱 좋다. 술 한 잔에 구운 꼬치요리는 꽤 궁합이 잘 맞는 편인데 그래서인지 저녁에 이곳은 언제나 문전성시를 이룬다. 맥주 한잔에 담백한 꼬치요리를 맛보고 싶다면 브로체타스를 추천한다.

디자인이 아름다운 〜〜〜〜〜

✓ HSO 베이커리
HORNO SAN ONOFRE SAN MIGUEL MARKET

• **가격대** : 티라미슈 5€, 치즈 조각케이크 4€, 쁘띠 케이크 1€, 사과 케이크 5€

〜〜〜〜〜〜〜〜〜〜〜〜

빵을 정말 좋아한다. 얼마 전에 끓여본 콩나물국은 마늘탕이 되어 먹다가 버렸지만 빵 만큼은 꾸준히 배우고 익혀 마카롱, 쿠키, 타르트를 꽤 많이 만들어 보았다. 주식인 밥보다 빵에 더 집착하는 이유는 밥은 굶어도 빵만큼은 포기하지 못할 정도로 좋아하기 때문이다. 먹는 것도 좋아하지만 보기만 해도 기분이 좋아진다. 그리고 이왕이면 다홍치마라고 예쁜 빵을 훨씬 좋아한다. 산 미구엘 시장의 HSO 베이커리의 케이크들은 하나같이 디자인이 앙증맞다. 작고 귀여운 케이크들이 마치 빵들의 공주님마냥 진열되어 있다. 색감도 모양도 예뻐 보기만 해도 사랑스럽다. 이벤트가 있을 때 이곳에서 조그만 조각 케이크를 하나 사서 먹는다면 아마도 그 여행이 좀 더 특별해지지 않을까 생각해본다.

연어를 사랑하는 사람들을 위한 〜〜

✓ 더 스모키드 살몬
HORNO SAN ONOFRE SAN MIGUEL MARKET

• **가격대** : 구운 연어 타르트 9€, 미니 타르트 3개에 2.8€

〜〜〜〜〜〜〜〜〜〜〜〜

산 미구엘 시장에는 연어를 사랑하는 사람들을 위한 연어 타파스 가게가 있다. 연어를 주제로 여러 타파스 메뉴가 있는데 독창적인 타파스를 만들어 보는 재미가 있다. 예를 들어 조그만 그릇 모양에 연어를 담아 만든 타파스도 있고 동그랗게 타르트처럼 만든 타파스도 보았다. 추천 메뉴는 연어 타르트이다. 동그란 타르트 모양의 타파스로 씹을 때마다 신선한 연어 속살이 뽀득뽀득 느껴지고 치아 사이로 상큼한 즙이 터져 나오는데 '그래! 이 맛에 연어 먹는 것이지!'라는 말이 절로 나온다. 연어를 사랑하는 사람이 있다면 더 스모키드 살몬을 추천한다.

01~4   순서대로 모짜렐라 바, 브로체타스, HSO 베이커리, 더 스모키드 살몬

전통 있는 츄러스 가게

초콜라테리아 산 히네스

최근 한국에서 스페인에 대한 관심이 높아지면서 국적기도 주 4회 이상 마드리드와 바르셀로나에 취항을 하고 있다. 이동 동선에 따라 마드리드와 바르셀로나 중 한 곳으로 입국해 여행을 시작하는데 유독 마드리드와는 겨울에 인연이 깊다. 따뜻한 세비야까지 이동할 것을 생각하면 아무래도 마드리드에서 출발하는 것이 이동하기 수월하기 때문이다. 늘 한겨울 마드리드에 도착하면 시차 적응이 간절하다. 국적기를 타고 환승 없이 가도 장장 13시간 동안 비행기를 타고 이동하는 일정이라 여간 고단한 게 아니다. 게다가 12월의 마드리드는 한국보다는 아니겠지만 패딩 없이 다니기가 힘들 정도로 으슬으슬 추운 편이다.

　어마어마하게 피곤하고 날씨가 추울 때 나만의 방식으로 시차 적응
을 하기 위해 어김없이 '초콜라테리아 산 히네스'에 들린다. 짐도 채 풀
기 전에 마드리드 공항에서 이곳으로 이동하는 이유는 마드리드 관광
지 한 가운데에 있어 마드리드의 활기를 가장 빨리 체감할 수 있는데다
쇼콜라떼 한잔 마시기 위해 긴 줄을 감내하다보면 더욱 피곤해 시차 적
응도 필요 없이 호텔에 들어가자마자 바로 곯아떨어지기 때문이다. 게
다가 따뜻한 쇼콜라떼는 부드럽고 느끼하지 않아 기분 좋은 시작을 할
수 있다. 그렇게 오늘도 어김없이 공항에서 지하철을 45분간 타고 '오
페라OPERA'역에 내렸다. 내리자마자 마드리드의 중심가답게 여기저기서
번쩍거리는 간판들이 보이기 시작한다. 약 5분 정도 걸어 헌 책들 좌판
이 펼쳐진 쪽으로 고개를 돌리면 어마어마한 인파가 몰려 있는 게 보인
다. 가게는 테이크아웃 창구를 3개로 나눠 사람들을 받고 있지만 그래
도 몰리는 사람들을 감당하기가 어렵다.

스페인 어디에서나 츄러스 가게를 볼 수 있지만 트렌드가 너무 빨리 변하는 탓에 대부분의 가게들은 3년을 채 못 버티고 사라진다. 수도 마드리드에서는 오죽할까? 가장 트렌드 변화에 민감한 중심지에서 츄러스만으로 130여 년 동안 변함없는 인기를 자랑하는 가게가 바로 '산 히네스'이다. 아무리 맛있어도 100년 이상 가게를 지속하기란 여간 힘든 게 아니다. 어떤 이유로 이 가게가 이렇게 유명해졌을까 살펴보면 의외로 재미있는 구석이 많다. 먼저 춥지 말라고 벽면에 전기난로를 붙여줄 서있는 사람들의 편의를 도모하고 있다. 놀이동산에서도 많이 볼 수 있으니까 그러려니 싶다. 하지만 이런 소소한 편의와 함께 재미있는 유머가 꽤 자주 보인다. 멍하니 줄을 서는 동안 가게 외관을 둘러보니 스페인의 대표적인 화가 '벨라스케스'의 시녀들에 나온 공주가 '산 히네스' 쇼콜라떼를 마시는 장면을 포스터로 대문짝만하게 프린트해 붙여 놓았다. 입장도 하기 전에 살짝 웃음을 지으며 10분 정도를 기다려 드디어 안으로 입장했다. 얼마나 많은 유명인사들이 '산 히네스'를 찾았는지 가게의 모든 벽면을 유명 인사 사진으로 도배를 해 놓았다. 유명 인사만큼 다국적 사람들이 찾는 맛집이라 가격도 여러 언어로 적혀있고 산 히네스 멤버십 카드를 만들어 홍보하고 있다. 140년 전통이라면 고루한 분위기의 가게일 것이라 생각했던 것과는 달리 영수증 한켠에는 인스타그램까지 안내되어 있다.

츄러스로 양대 산맥을 이루는 '로스 아르테사노스'와 달리 이곳은 츄러스 만드는 장면을 직접 보여주지 않는다. 대신 어마어마하게 쌓여있는 컵과 츄러스 접시로 그 인기를 실감한다. 3명의 직원은 일사분란하

쇼콜라떼 콘 6 츄로스

게 주문을 받고 안쪽 구역에서는 츄러스를 만들고 반죽을 하고 있는 모습이 보인다. 츄러스는 모양에 따라 크게 얇은 '츄로'와 성인 손가락 3개를 합한 굵기인 '뽀라'로 나누어 진다. 이곳의 대표 메뉴는 '쇼콜라떼 콘 6 츄로스'이다. 6개의 바삭하고 얇은 츄로와 진하고 담백한 쇼콜라떼가 함께 나오는 세트 메뉴로 가장 인기가 많다. 주문을 하면 서서 먹는 바 테이블이나 안쪽 테이블을 선택하고 자리로 이동을 한다. 이미 안쪽 테이블은 사람들로 가득 차있다. 한쪽 어딘가 자리를 잡아 앉아 있으면 곧 이어 내가 주문한 세트 메뉴가 나온다. 세트로 나온 쇼콜라떼는 너무 무거운 질감이 아니라 숟가락을 푹 넣었다 올리면 또르르 액체가 흘러나올 정도이다. 지나치게 달지도 않고 무겁지도 않은게 막 스페인에 도착해 부담 없이 먹기 좋다. 쫄깃하지만 아무런 양념이 없는 츄로에 쇼콜라떼를 듬뿍 찍어 한입 먹으니 달콤함이 입에 가득하다. 쇼콜라떼는 츄러스만큼 인기가 좋은데 집에서 직접 만들어 먹을 수 있도록 분말을 따로 팔 정도이다.

마드리드를 대표하는 전통 있는 가게는 언제나 그렇듯 꿋꿋하게 쇼콜라떼를 만들고 나는 마드리드를 갈 때마다 수많은 인파를 뚫고 가장 먼저 이곳을 찾는다. 수많은 스페인 사람들 속에서 바삭바삭한 츄러스에 담백한 쇼콜라떼 담가 먹으니 이제야 내가 츄러스의 나라 스페인에 있다는 사실이 실감난다. 게다가 여기가 어디인가. 스페인의 수도 마드리드의 한복판 아닌가? 장시간 비행에 지칠 만도 하지만 쇼콜라떼 한 잔에 피로한 마음이 무방비 해제된다. 마드리드에 맛이 있다면 바로 이런 맛이 아닐까? 사람을 편안하게 만들어주기도 하고 시끌벅적 들뜨게도 만들어 주는 맛이랄까? 초콜라테리아 산 히네스는 마드리드의 맛이다.

스페인 사람들은 숙취 해소용으로 쇼콜라떼를?!

나라마다 독특한 해장 문화가 있다. 우리나라는 술을 많이 마시면 뜨거운 콩나물국을 한 사발 먹고 해장을 한다. 나 역시도 전날 회식자리에서 술을 마시면 그 다음날 얼큰한 찌개를 먹어 땀이 좀 나야 속이 풀리는 느낌이다.

스페인은 맛있는 요리만큼이나 술도 무척 다양해 골라 마시는 재미가 있다. 친한 언니와 이야기를 하다보면 술이 맛있어 한 모금 두 모금 홀짝 홀짝 마시게 된다. 결국 속이 망가질 때까지 마실 때도 종종 있는데 이때 우리가 해장했던 방법은 '쇼콜라떼와 츄러스'였다. 스페인도 우리나라처럼 해장 문화가 있는데 술을 많이 마신 다음날 뜨거운 쇼콜라떼를 마시거나 츄러스를 찍어 먹으며 해장을 한다. 술과 달콤한 초콜릿은 다소 어울리지 않을 것 같은 조합이지만 초콜릿에 들어간 타우린, 카테킨 성분이 알코올 분해를 돕는다고 한다.

간단히 아침 식사로도 쇼콜라떼를 마시고 추운 날 길거리에서 쇼콜라떼를 파는 가게들이 많으니 숙취 해소가 필요하다면 쇼콜라떼를 한번 마셔보자.

초콜라떼리아 산 히네스 CHOCOLATERÍA DE SAN GINÉS
WWW.CHOCOLATERIASANGINES.COM

위   치   메트로 1,2,3호선 Sol 역에서 Calle Mayor 방면으로 도보 6분 정도 걷는다. Carre de Salva 방향으로 따라가면 찾을 수 있다.

주   소   PASADIZO DE SAN GINÉS, 5, 28013 MADRID, SPAIN

전화번호   +34 913 65 65 46

영업시간   00:00~24:00

가   격   쇼콜라떼와 츄러스 6개 4€, 카페 콘 레체와 츄러스 3.1€, 우유 한 잔 1.5€, 카페 코르타도 1.9€

100년 전통의 츄러스 가게
로스 아르테사노스

스페인에 처음 나홀로 여행을 왔을 때 캐리어가 오지 않은 적이 있었다. 여름휴가로 신나게 놀 생각만 하고 스페인에 왔건만 외딴 나라에 가방도 없이 나 혼자 덩그러니 도착하니 앞이 캄캄했다. 당장 입을 옷도 없고 돈도 없고 내 주머니엔 푼돈만 들어 있었다. 급한 대로 분실물센터에 신청을 하니 운이 좋으면 내일이라도 짐이 도착할 수 있다고 했다. 무계획으로 스페인에 오게 된 터라 급한 대로 공항 근처에 숙소를 잡고 캐리어가 오기만을 기다렸다. 예상치도 않게 공항 근처 숙소에서 나 혼자 당장 해야 할 일은 배고프다고 요란한 배를 잠재우는 일이었다. '일단 먹고 시작하자.'라는 생각에 숙소 근처를 찾아보았다. 공항 근처 숙소는 관광지로 발전이 되지 않아 유명 레스토랑 하나 변변한 게 없었지만 다행히 조그마한 간이식당 몇 군데가 보였다. 간이식당마다 간단한 샌드위치와 츄러스, 요리를 팔고 있어 츄러스를 먹으며 한없이 내 캐리어를 기다렸던 기억이 난다. 캐리어가 오지 않아 황금 같은 단 일주일 간의 휴가가 시작부터 꼬여 버렸지만 츄러스를 한입 한입 먹으며 그나마 위안을 삼았던 기억이 난다.

굶주리고 돈 없는 내가 유일하게 먹을 수 있는 끼니가 '츄러스'였던 것은 참 다행이었다. 부담 없이 편하게 츄러스를 한입 한입 먹으면서 '괜찮아. 한 숨 돌리자.'라고 내 자신에게 계속 말을 했다. 사람들에게 츄러스는 부담 없지만 편안하게 다가갈 수 있는 친구 같은 존재가 아닐까? 수많은 친구 중에서 진짜 담백하고 신뢰 가는 친구를 만나기 힘들 듯, 스페인에 있는 수많은 츄러스 가게 중에서 진짜 츄러스만으로 유명한 가게를 만나기도 어렵다. 로스 아르테사노스 1902는 1902년부터 4세대에 걸쳐 오직 츄러스만으로 사람들에게 행복을 전달하고 있다.

가게는 언제나 수많은 사람들이 몰려 항상 긴 대기 줄은 감내해야 한다. 이상하게 이 가게는 12월 한 겨울에만 인연이 닿게 되는데 추운 겨울날 간식 하나 먹겠다고 줄을 서는 것은 여간 불편한 일이 아니다. 다행히 2층으로 된 내부가 수십 명이 들어갈 정도로 꽤 큰 편이라 약 20명 정도 내 앞에 줄 서있었는데 어느새 약 5분 만에 입장할 차례가 되었다.

츄러스는 단돈 몇 천원일 테지만 투명한 창을 통해 만드는 과정을 보니 정성이 여간 많이 들어가는 게 아니다. 사람들로 붐비는 가운데 한 켠에서는 요리사가 두 손이 밀가루 범벅이 되어 츄러스를 반죽하고, 다른 사람은 츄러스 100개는 담을 정도로 큰 조리 기구에 기름을 가득 담아 바삭하게 튀기기 시작한다. 츄러스는 튀길 때 기름의 온도와 튀기

는 시간도 무척 중요하다. 보통 170도 이상으로 맞추는 것이 가장 맛있게 튀기는 온도라고 한다. 정확하게 튀기는 시간, 기름의 온도를 재서 가장 이상적인 상태의 츄러스를 만든다. 이렇게 튀긴 츄러스는 다시 먹기 좋게 가위로 자르는데 어찌나 손놀림이 정확한지 일정한 박자에 맞춰 비슷한 길이로 싹뚝싹뚝 츄러스를 자르는 모습이 경이롭기까지 하다. 츄러스를 만드는 곳 외에도 호밀로 만든 빵과 포장된 쇼콜라떼 가루가 보인다.

츄러스는 굵은 뽀라PORRA와 얇은 츄로CHURRO 2가지 종류가 있다. 뽀라는 반죽을 두껍게 만들어 속이 폭신폭신하다. 뽀라는 반죽이 두꺼워 튀기는 시간이 오래 걸리고 긴 막대로 반죽이 서로 붙지 않게 돌려주면서 튀겨야 한다. 반면 츄로는 얇아 뽀라에 비해 바삭하고 튀기는 시간도 비교적 짧게 걸리는 편이다. 츄러스 외에도 도넛, 크라페, 토스트, 브라우니, 와플 등 여러 종류의 빵들을 맛볼 수 있다.

타파스 & 카페 맛있는 스페인에 가자

츄러스를 먹을 때 반죽 자체의 고소함과 식감도 중요하지만 무엇보다 이곳을 결정적으로 유명하게 만든 것은 다름 아닌 '쇼콜라떼'이다. '쇼콜라떼'라고 우리나라의 편의점에서 파는 '초콜릿 우유'를 상상하면 큰 오산이다. 이곳에서 판매하는 '쇼콜라떼'는 아주 걸쭉한 제형이라 츄러스를 담갔다 빼도 초콜릿이 주르륵 흐르는 것이 아니라 꾸덕하게 달라붙어 얼마나 무거운 제형인지 느낄 수 있다. 카카오 함유량도 높아 달콤한 맛에 먹는 순간 온갖 피로가 풀릴 정도이다. 스페인에서는 어른 아이, 할아버지 할머니 가릴 것 없이 겨울이면 다들 따뜻한 쇼콜라떼를 마시거나 이렇게 츄러스에 찍어먹는다. 대화하기를 좋아하는 국민성 때문인지 다들 열심히 말하고 그러다 피로해지면 어김없이 쇼콜라떼 한잔을 찾는다. 이 쇼콜라떼 한잔에 기운을 회복하면 다시 주변 사람들과 쉴 새 없이 대화를 이어간다.

잠깐 초콜릿 이야기로 넘어와서 스페인 사람들은 와인만큼이나 초콜릿, 쇼콜라떼를 무척 사랑하는 것 같다. 심지어 각 도시마다 '쇼콜라떼 거리'가 있을 정도이고 '초콜릿 투어'가 만들어질 정도이다. 초콜릿만 전문적으로 판매하는 가게도 많은데 이런 가게에서는 카카오 농도에 따른 음료를 팔기도 한다. 언젠가 초콜릿을 선물로 줬던 스페인 친구한테 왜 이렇게 스페인 사람들은 초콜릿을 좋아하는지 물어보았다.

"음.... 그거야 당연히 피곤을 날려버리기 위해 초콜릿을 먹지!"

새벽까지 술 마시며 놀다가 해장을 할 때에도 사람들은 쇼콜라떼에 츄러스를 찍어 먹고 너무 추워 몸이 으슬으슬 떨릴 때도 따뜻한 쇼콜라떼를 한잔 마시며 추위를 달랜다. 이들에게 초콜릿은 기호식품이라기보단 없어서는 안 될 일상 속 달달한 친구인 셈이다. 그런 점에서 이곳 '로스 아르테사노스'는 단순히 맛있는 츄러스와 쇼콜라떼를 제공하는 가게를 넘어 피곤한 일상을 달래주는 가게라고 설명하는 게 더 적절한 비유일 것 같다. 화려한 인테리어나 세련된 장식은 찾아보기 어렵지만 100년 이상 한 자리에서 사람들의 마음을 달래주는 진한 쇼콜라떼와 바삭한 츄러스를 오늘도 팔고 있다. 오늘 하루는 모처럼 '로스 아르테사노스'에 가봐야겠다. 이렇게 춥고 피곤한 날에는 비싼 영양제 알약 한 알보다 소박하고 달콤한 츄러스 한 조각과 쇼콜라떼가 큰 위안이 되니까.

로스 아르테사노스   LOS ARTESANOS 1902
CHOCOLATERIA1902.COM/

위   치   솔 광장에서 Puerta del Sol 방향으로 걷는다. Calle del Arenal 표지판을 따라 산 히네스 성당 방향으로 가면 찾을 수 있다.

주   소   CALLE DE SAN MARTÍN, 2, 28013 MADRID, SPAIN

전화번호   +34 915 22 57 37

영업시간   7:00~23:00

가   격   초콜릿 콘 레체 (쇼콜라떼) 2.5€, 4개의 츄로(얇은 츄로스) 1.5€, 카페 봄봄 2€

츄러스
더 자세히 알고 먹기

츄러스는 먼 옛날 양치기들이 산에서 쉽게 만들어 먹을 수 있는 요리를 고민하다 만들어진 간식이다. 간편하게 커다란 팬과 기름만 있으면 누구나 쉽게 만들 수 있다. 이름이 '츄러스'인 이유도 산에 사는 츄로CHURRO라는 양의 뿔과 비슷하게 모양을 만들어서인데, 만들기도 쉽고 맛도 있어 곧 누구나 쉽게 즐기는 간식거리로 자리를 잡게 되었다. 나중에 스페인 군대가 신대륙을 개척하면서 남아메리카까지 츄러스 문화가 전해지게 되고, 남아메리카의 설탕과 초콜릿이 만나면서 오늘날 대중들의 입맛을 사로잡는 츄러스가 완성되었다.

츄러스 전문점에 가면 반죽이나 토핑에 따라 종류가 천차만별이다. 츄러스 안에 캐러멜 시럽을 넣은 것부터 반죽 자체에 양파나 계피를 섞어 만든 것도 있다. 보통 얇은 막대를 츄로라고 하고 손가락 2개 정도의 굵기를 뽀라라고 부른다. 츄러스나 뽀라는 있는 그대로 먹기도 하지만 쇼콜라떼를 한 잔 시켜 함께 곁들여 먹는 경우가 많다. 쇼콜라떼도 전통 방식으로 시키면 무척 걸쭉한 질감의 음료가 나오는데 여기에 찍어 먹으면 더욱 맛있다. 여름에는 츄파라는 열매를 갈아 만든 음료인 오르차타HORCHATA와 함께 먹기도 한다. 음료와 츄러스가 제법 잘 어울려 츄러스와 오르차타를 함께 파는 곳이 많다. 겨울에는 따뜻한 쇼콜라떼와 함께 마시는 것을 추천하고 여름에는 시원한 오르차타와 함께 먹는다면 훨씬 맛있게 츄러스를 맛볼 수 있을 것이다.

좋은 품질의 하몽을 만날 수 있는
메르카도 하몽 이베리코

스페인 친구에게 하몽을 사기 위한 장소를 추천해 달라고 하면 누구에게 선물 할 것인지를 먼저 묻는다. 하몽의 종류가 워낙 많아 3000원짜리 싸구려 하몽부터 수백만 원짜리 최고급 하몽까지 다양하기 때문이다. 하몽은 돼지의 종류, 숙성 정도에 따라 비용이 천차만별이다. 가족에게 선물할 하몽이라고 이야기 하자 가격대도 합리적이면서 맛있는 것으로 유명한 '메르카도 하몽 이베리코'를 추천해준다.

산 미구엘 시장을 나와 왕궁으로 가는 길에 '메르카도 하몽 이베리코'가 보인다. 외관 타일에 크게 하몽이 그려져 있어 멀리서 봐도 하몽을 파는 가게임을 알 수 있다. 타일에 새겨진 하몽 그림이 워낙 감각적이어서 스페인 사진을 찾으면 이곳 사진이 나올 정도이다. 눈에 띄는 하몽

001   메르카도 하몽 이베리코의 외부

가게를 그냥 지나치기 아쉬워 길을 건너 가게에 들어가 보았다. 여느 하몽 가게처럼 수십 개의 하몽이 대롱대롱 매달려 숙성되고 있다. 숙성되는 냄새가 다소 역하기도 하지만 구경을 하다보면 금세 냄새가 적응된다. 하몽은 돼지 뒷다리를 바닷소금으로 절인 뒤 그늘에서 2~5년 동안 숙성을 시키면 더욱 품질이 좋아져 하몽을 전문적으로 파는 가게나 바에서는 이렇게 천장에 메달아 숙성을 시키곤 한다.

스페인의 전통 햄 하몽도 종류가 다양하다. 흔히 우리가 하몽과 한 단어처럼 붙여서 기억하는 '이베리코'는 스페인 북부 살라망카 지역에서 기르는 흑돼지 품종이다. 잡종이나 백색 돼지에는 '이베리코'라는 단어를 붙일 수가 없다. 물론 가격도 이베리코 돼지에 비해 훨씬 저렴한 편이다. 메르카도 하몽 이베리코에서 파는 하몽에는 이베리코 돼지만을 사용했다는 마크가 모두 새겨져있다.

스페인 사람들이 워낙 사랑하는 음식인 만큼 이베리코 돼지에서도 또 등급이 나뉜다. 이베리코 하몽 중 가장 등급이 높은 것은 벨로따_{BELLOTA} 등급으로 취급한다. 벨로따는 스페인어로 도토리라는 뜻으로 '도토리만 먹고 자란 이베리코 돼지'라는 의미이다. 이 벨로따 등급의 하몽은 맛도 훌륭하지만 비린내나 누린내도 안 나는 것으로 유명하다. 비린내가 나지 않는 하몽일수록 고품질이며 가격도 비싸진다. '메르카도 하몽 이베리코'는 벨로따 등급의 하몽을 취급하는 곳이라 한 팩씩 포장된 패키지 왼쪽 위에는 도토리 마크가 크게 붙어있다. 하지만 역시 최고급 등급일수록 가격은 쭉쭉 올라간다. 맛보고는 싶지만 가격 때문에 살짝 망설이며 한 팩을 잡았다 놓았다를 반복하자 가게 상인이 맛을 보라며 하몽 한 조각을 저며 건네준다. 아무리 돼지 품종이나 부위에 따라, 숙성 정도에 따라 맛이 달라진다고 하지만 하몽이 이렇게까지 고소할 수 있는지 처음 알았다. 가끔 하몽을 맥주와 함께 먹으면 맛보다 역한 향이 먼저 느껴질 때도 많았는데 그런 냄새도 전혀 나지 않았다.

002　　도토리 마크가 붙은 하몽 패키지

하몽만큼이나 하몽과 관련된 식기구도 발전되어 왔다. 하몽을 먹기 위한 도구에는 여러 가지가 있는데 대표적으로 하몽을 고정시키는 홀더가 있다. 어느 레스토랑을 가든 쉐프가 하몽의 발굽 부근을 안정적으로 홀더에 고정해 한 점 한 점 얇게 저미는 모습을 쉽게 볼 수 있다. 아주 얇게 저미기 위한 칼도 별도로 있고 한 점씩 옮기기 위한 집개도 따로 있을 정도이다. '메르카도 하몽 이베리코'는 실제로 이런 도구를 어떻게 활용하는지 옆에서 자세히 볼 수 있다.

한쪽 구석에는 간단히 맥주를 즐길 수 있는 테이블이 마련되어 있다. 이미 '벨로따' 하몽에 마음을 뺏긴 사람들이 다들 하몽을 몇 팩 구매해 맥주와 함께 먹으며 피로를 풀고 있었다. 시원한 맥주와 쫄깃하면서 고소한 하몽과 함께라면 피곤한 하루라도 꽤 기분 좋게 마무리를 할 수 있을 것 같다. '그래. 이 맛에 사는 것이지! 사는 게 뭐 별거인가?' 입은 고소하고, 목은 시원해지고 코는 벌겋게 익어가는 이 순간에 온몸으로 스페인 문화를 즐기고 있다는 사실에 괜히 기분이 좋아진다.

～～～～～～～～～～～～～～～～～～

메르카도 하몽 이베리코　MERCADO JAMÓN IBÉRICO
WWW.MERCADOJAMONIBERICOMADRID.ES/

위　　치　솔 광장에서 Calle Mayor를 따라 8분 정도 걸으면 찾아갈 수 있다.

주　　소　CALLE MAYOR, 80, 28013 MADRID, SPAIN

전화번호　+34 917 64 90 70

영업시간　10:00~21:00

가　　격　하몽 1팩 19€~

～～～～～～～～～～～～～～～～～～

스페인 사람들은 하몽을 어떻게 먹을까?

스페인 요리하면 가장 먼저 생각나는 요리는 바로 하몽이다. 타파스 집 어디를 가도, 어느 보데가를 가도 바로 하몽이 대롱대롱 매달려 있는 장면이 가장 먼저 눈에 들어온다. 스페인 요리의 대명사격인 하몽을 어떻게 요리해서 먹는 것일까?

01 하몽 자체를 맥주와 함께 마시기

하몽 자체를 얇게 저미어 먹는 게 가장 보편적으로 하몽을 먹는 방식이다. 즉석에서 하몽을 얇게 썰어 맥주나 클라라, 카바와 함께 하몽 그 자체를 맛보는 방법이다. 하몽 고유의 담백한 맛을 즐길 수 있기도 하고 맥주와 하몽과의 조합이 잘 어울려 꽤 많은 선술집에서 맥주와 하몽 단품만을 판매한다. 처음 하몽을 보았을 땐 역한 냄새로 맛보기조차 꺼렸었다. 우연히 하몽을 잘 숙성한 가게에서 맥주와 함께 하몽을 접하게 되면서 무척 고소하고 쫄깃한 식감에 두고두고 기억에 오랫동안 남았던 생각이 난다.

02 판 콘 토마테와 곁들여 먹기

코르도바에서 머물 때 마리아라는 아주머니가 아침을 차려주시곤 하셨다. 코르도바 사람들은 어떻게 식사를 하는지 하나하나 재료를 설명해주셨던 모습이 아직도 선하다. 아주머니가 차려주신 아침식사에는 늘 하몽이 나왔는데 빵에 토마토 간 것과 올리브를 뿌린 뒤(판 콘 토마테라고 부른다) 그 위에 하몽을 올려 곁들여 먹었다. 빵, 토마토, 올리브

판 콘 토마테

오일만 있으면 되는 간단하고 소박한 음식이지만 무척 맛있게 먹은 식사였다. 특히 하몽이 토마토와 빵과 어울릴 때 얼마나 맛있을 수 있는지 알게 해준 순간이다.

03 멜론 등 과일과 함께 먹기

하몽을 먹는 또 다른 방법은 멜론 같은 과일과 함께 먹는 것이 있다. 마드리드에 꽤 많은 체인점을 보유하고 있는 뮤세오 델 하몽을 가보면 멜론과 하몽을 함께 세트로 묶어 파는 메뉴가 있을 정도이다. 멜론과 하몽은 언뜻 이상한 조합이라고 생각할 수 있지만 이 둘은 생각보다 궁합이 잘 맞는다. 하몽의 고소함과 멜론의 상큼함이 더해져 오랫동안 풍미를 느낄 수 있기도 하다.

04 보카디요(스페인식 샌드위치)를 만들어 먹기

스페인식 샌드위치를 보카디요라고 부르는데, 보카디요 안에는 보통 튀긴 오징어가 들어가지만 때로는 하몽을 넣기도 한다. 보카디요 전문 매장에 가면 기다란 바게트 샌드위치 빵에 하몽을 두툼하게 넣어주곤 하는데 충분히 한 끼 식사가 될 만큼 포만감이 크다.

스페인에서 만날 수 있는 여러 가지 햄

스페인의 정육점 코너나 식료품 가게를 가보면 하몽 외에도 여러 종류의 햄을 다양하게 구비해 놓는 경우가 많다. 햄마다 식감과 향이 모두 다르니 취향에 따라 골라 먹는 것을 추천한다. 레스토랑에서 먹는 것보다 식료품 가게나 전문 매장에서 사서 먹는 것이 좀더 저렴한 편이다.

01 하몽   JAMON

하몽은 스페인의 대중적인 전통 요리이다. 하몽은 돼지의 뒷다리를 소금에 푹 절인 다음 몇 년에 걸쳐 그늘에서 건조해 만든 햄이다. 옛날 전쟁용 식량으로 만들어진 것이 발전해 일반 가정에까지 퍼진 케이스다. 15세기 무렵 스페인이 식민지를 개척하던 시기, 스페인 군대는 굳이 불을 지필 필요 없이 식사 대용으로 먹을 수 있는 음식을 찾고 있었는데 그게 바로 하몽이다. 돼지를 숙성시켜 만든 햄은 당시 군인들의 전쟁 식량으로 큰 인기를 끌게 되었다.

하몽은 돼지의 종류에 따라 가격이 크게 차이난다. 슈퍼마켓에서 팔고 비교적 저렴한 하몽은 '하몽 세라노'라고 한다. 흰 돼지로 만들거나 여러 종이 섞인 돼지로 만든 하몽을 의미한다. 최고급 하몽은 '하몽 이베리코'라고 한다. 스페인 북부 지방의 흑돼지로 만든 돼지로 하몽 중 최상급으로 여긴다. 하몽 이베리코 중에서도 야생 도토리로 먹여 키운 흑돼지를 '하몽 이베리코 베요따'라고 한다. 하몽의 맛과 질에 따라 바(bar)와 레스토랑의 품격도 다르게 평가된다. 그래서 많은 가게에서 하몽을 더욱 까다롭게 선별하고 보다 품질 좋은 하몽을 들여다 놓기 위해 노력하고 있다.

02 초리조 CHORIZO

하몽만큼이나 어느 시장에서든 쉽게 볼 수 있는 햄이 바로 초리조이다. 짙은 붉은 색깔을 띠는 초리조는 스페인을 대표하는 소시지로 하몽에 비해 좀 더 짭조름하고 매운 편이며 두툼한 식감이 느껴진다. 초리조는 중세시대부터 유행한 햄으로 돼지고기를 숙성시켜 오랫동안 먹을 수 있도록 만든 음식이다. 대중적으로 많이 파는 햄은 오랫동안 건조시켜 말린 초리조이다. 바싹 마른 초리조는 하몽처럼 와인이나 맥주와 함께 곁들여 먹기도 하고 길거리 군것질거리처럼 종이봉투에 싸줘 돌아다니면서 먹을 수 있도록 판매하기도 한다. 반면 건조가 덜된 초리조는 반드시 불에 익혀 먹어야 안전하다.

03 살라미 SALAMI

요리에 조금 더 관심이 있는 사람이라면 초리조와 살라미가 어떻게 다른지 궁금할 것이다. 겉모양은 비슷한 것 같은데 어느 정육점에서는 살라미라고 하고 어느 정육점에서는 초리조라고 이야기하기 때문이다.

살라미는 이탈리아의 전통 햄으로 고기를 소금에 절여 만든 소시지이다. 육류를 소금에 푹 절여 건조시키는데 보통 매운 맛을 내기 위해 다양한 향신료를 많이 넣는다. 살라미가 전 유럽으로 퍼지면서 이웃 국가들은 각자 새로운 형태의 살라미를 만들었는데 그중 하나가 초리조이다. 초리조는 돼지고기만을 사용해 만들고 파프리카로 전체적인 양념과 간을 맞춘다. 반면 살라미는 주로 마늘을 사용해 매운맛을 내고 돼지고기, 닭고기 등 다양한 육류로 만든다. 일반적으로 살라미는 완전히 건조된 상태로 먹지만 초리조는 일부 건조되지 않은 것도 있다.

04 프로슈토 PROSCIUTTO

프로슈토도 살라미와 마찬가지로 이탈리아의 숙성 햄이다. 초리조와 살라미처럼 하몽과 프로슈토도 겉모습이 비슷하여 어떻게 다른지 헷갈리는 경우가 있다. 만드는 법도 하몽처럼 돼지 뒷다리를 소금에 절여 수년 간 숙성하여 만든다. 하지만 사용하는 돼지의 품종이 다르다. 하몽은 주로 흑돼지로 만드는 반면 프로슈토는 흰 돼지로 만든다. 스페인에서는 도토리를 먹인 돼지가 최상급으로 인정을 받는 반면 프로슈토는 밤을 먹인 돼지를 최상급으로 친다. 또 프로슈토는 숙성할 때 돼지의 발굽을 모두 없애고 숙성하는 반면 하몽은 돼지의 발굽을 남겨두고 숙성한다는 점도 서로 다르다.

타파스 & 카페 맛있는 스페인에 가자

하몽에 대한 모든 것
뮤세오 델 하몽

마요르 광장과 이어지는 곳에 '뮤세오 델 하몽'이 있다. '뮤세오', 즉 박물관이니 마치 하몽에 관련된 역사와 자료들이 전시되어 있을 것 같지만 사실은 하몽을 주제로 만든 레스토랑 겸 주점이다. 마드리드에 이미 체인이 여럿 있을 정도로 마드리드 사람들에게 알려진 명소이다.

붉은 빛의 강렬한 외관부터 사람들의 이목을 끈다. 수많은 사람들의 웅성거림에 이끌려 건물 안으로 들어가 보니 하몽 수백 개가 줄지어 있는데 딱 봐도 저렴한 하몽부터 최고급 마크가 찍힌 하몽까지 다양하게 판매하고 있다. 하몽에 대한 역사와 소개가 없을 뿐이지 매우 다양한 종류의 하몽을 직접 보고 먹어볼 수 있다는 점에서는 '박물관'이라는 이름이 어색하지 않을 정도이다.

타파스 & 카페 맛있는 스페인에 가자

'뮤세오 델 하몽'의 1층은 하몽 식료품점과 바가 있고 2층은 레스토랑으로 운영되고 있다. 판매점에서는 집에서 먹거나 선물을 하기 위해 포장된 하몽을 둘러보는 사람들이 눈에 띈다. 홀더에 고정된 하몽이 줄줄이 늘어서 있어 하몽 매니아라면 보기만 해도 군침을 흘릴만하다. 정육점 특유의 붉은 빛이 새어나오는 가게는 하몽만 파는 것이 아니라 살라미, 치즈, 햄 등 여러 가지 종류의 먹거리들을 한데 모아 팔고 있다.

반대편 바 테이블에 앉은 사람들은 시원한 맥주, 달콤한 멜론과 함께 즉석에서 마음에 드는 하몽을 먹고 있다. 하몽만 먹는 사람도 있고 보카디요(현지식 샌드위치) 안에 하몽을 넣어 먹거나 한치나 오징어 튀김 같은 요리를 즐기는 사람도 꽤 보인다. 저녁 9시 '뮤세오 델 하몽'에는 다양한 레시피로 만든 하몽을 와인이나 클라라와 함께 가볍게 즐기며 대화를 나누는 사람으로 가득하다. 얼굴이 새빨개질 때까지 흥분하며 이야기하는 사람도 있고 차분히 미소를 지으며 대화를 하는 이들도 보인다. 남녀노소 할 것 없이 수다를 떠는 사람들 모두 나와 같은 고만고만한 고민거리를 안고 있겠지만, 하몽과 맥주 앞에선 누구든 마음이 녹아내린다. 하몽 한 점과 맥주 한잔에 묻어나는 여유 속에 아무리 삶이 복잡해도 순간의 여유를 갖겠다는 이들의 삶에 대한 철학이 느껴진다. 지금 여기 이 순간, 이곳에서 기쁘면 그만이다. 한없이 마시고, 먹고, 웃고, 즐기면서 오늘 지금 이 순간을 즐겨야겠다.

뮤세오 델 하몽   MUSEO DEL JAMÓN

WWW.MUSEODELJAMON.COM/

위   치   메트로 1,2,3호선 Sol 역에서 도보 5분 정도 소요된다.
                  접근성이 비교적 좋은 편이다.

주   소   CARRERA DE SAN JERÓNIMO, 6, 28014 MADRID, SPAIN

전화번호   +34 915 21 03 46

영업시간   09:00~24:00

가   격   하몽 세라뇨 한 접시 6€, 이베리코 하몽 한 접시 22€,
                  하몽과 치즈 한 접시 6€, 하몽과 멜론 4.5€, 치즈 샐러드 5.5€

하몽을 구입할 때 이것만은 꼭 알아두기!

사진 속에 빨레따PALETA라는 단어가 보인다. 여느 하몽 가게를 가도 저 단어를 쉽게 찾아볼 수 있다. 빨레따는 엄밀히 말해 하몽이라고 볼 수 없다. 하몽은 돼지 뒷다리를 숙성시켜 만든 요리이지만 빨레따는 돼지 앞다리를 숙성해 만든 요리이다. 이런 용어의 차이로 돼지의 어느 부위로 만든 것인지 유추해 볼 수 있다.

마찬가지로 사진에서 이베리코IBÉRICO라는 단어가 보인다. 이베리코는 스페인 국토의 4.5%를 차지하고 있는 청정 자연환경이 있는 구역이다. 데헤사THE DEHESA 숲에서 방목하여 도토리만 먹여 키운 흑돼지를 가장 최상급의 하몽으로 취급한다. 'IBÉRICO'라는 단어가 붙으면 가장 최상급의 하몽이라고 생각하면 된다. 저렴한 하몽은 저렴한 만큼 비린내가 나거나 질긴 편이라 처음 하몽을 맛보거나 타인에게 선물을 하는 용도라면 너무 저렴한 하몽보다는 10유로 이상의 인기 많은 하몽을 추천한다.

건강한 빵집
셀리시오소 베이커리

당장 토익점수가 필요한 와중에 제빵학원을 기웃거렸던 적이 있다. 빵이라면 사족을 못 써 작정을 하고 배워보려 갔다가 학원 앞까지 풍기는 빵 냄새에 홀딱 반해 수강료를 물어본 그 길로 제과 학원에 등록하였다. 당장 필요한 영어 점수를 뒤로하고 하나하나 먹고 싶었던 빵을 만드는 과정을 몸소 겪어보니, 사먹는 것과 만들어 먹는 것은 전혀 다른 차원이라는 것을 알게 되었다. 만들어 먹을 비용으로 사먹으면 더 많이 먹을 수 있다는 것을 깨달은 후 더 이상 빵을 굽지는 않지만, 여전히 전국 방방곡곡의 맛있다는 빵집을 돌아다니곤 한다. 여행 중에도 빵집 투어는 계속 되었다. 마드리드에서도 맛있다는 빵집 정보를 듣고 단번에 달려갔다. 스페인 사람들의 입맛을 사로잡은 빵집인 '셀리시오소 베이커리'다.

이 빵집은 교통의 중심지인 솔 광장 근처에 있다. 맛도 훌륭하다는데 접근성까지 좋다니! 잰걸음으로 베이커리에 도착하니 온통 초록빛으로 내부가 꾸며져 있다. 베이커리는 채식, 글루텐 프리의 빵을 전문적으로 판매한다. '글루텐 프리', '건강한 빵' 이라고 하면 막연히 '쓴 맛'이 연상된다. '몸에 좋은 것이 입에 쓰다'는 옛말이 연상되어서인지 '건강한'이라는 단어가 붙으면 맛에 대한 기대가 사라진다. 그래도 마드리드에서 맛으로 유명한 베이커리라니 치즈 컵케이크 하나를 사서 앞니로 콕 찍어 먹어보았다. 텁텁할 것이란 예상과 달리 달콤하다. 설탕 한줌 안 들어간 케이크가 어떻게 이렇게 달콤할 수 있는지! 너무 궁금해 바쁜 직원에게 물어보니 코코넛 시럽으로 달콤한 맛을 내었다고 한다. 그토록 바쁜 와중에서도 유기농과 채식 베이킹에 대한 설명을 해주는데 건강한 빵을 만든다는 자부심이 느껴진다.

빵과 함께 음료도 여러 종류 함께 판매한다. 다양한 나라에서 수많은 사람들이 찾아오는 곳이라 미국식 용어로 메뉴를 적어 놓았지만 '봄봄' 같은 스페인식 커피도 있다. 스페인은 겨울에도 따스하다고 하지만 서쪽에 있는 마드리드의 겨울은 제법 차갑다. 그 추위를 이겨내는데 어떤 음료보다 '봄봄'과 '쇼콜라떼'가 최고다. 추운 겨울날 연유를 넣은 진한 에스프레소를 마시면 달콤함과 쌉사르함이 어우러져 몸이 노곤노곤 해지는 기분이다. 건강한 빵과 따뜻한 봄봄 한잔에 몸도 마음도 따뜻해지는 것 같다.

최근 스페인에서는 조깅하는 사람, 자전거를 타는 사람을 자주 볼 수 있다. 저렴한 슈퍼마켓보다 웰빙 농산물을 파는 곳이 더 붐비기도 한다. 스페인 전역에 웰빙 붐이 크게 불고 있는 것이다. 음식은 문화를 따라간다. 웰빙 트렌드에 맞춰 건강하고 독창적인 음식들이 앞으로도 자주 보일 것 같다.

~~~~~~

셀리시오소 베이커리 CELICIOSO GLUTEN FREE BAKERY

WWW.CELICIOSO.ES/

위　　치　메트로 1,2,3호선 Sol 역에서 Calle de la Montera를 따라 8분 정도 걸어가
그란비아 역을 지나 찾을 수 있다. 그란비아 역에서는 걸어서 3분 거리이다.

주　　소　CALLE DE HORTALEZA, 3, 28004 MADRID, SPAIN

전화번호　+34 915 31 88 87

영업시간　10:00-21:30

가　　격　컵케이크 2.6€, 비건 설탕 없는 컵케이크 3€, 빵 종류 2.9€, 에스프레소 1.7€,
핫초콜릿 3.5€, 라떼 2.5€, 카페 봄봄 2.5€

~~~~~~

>> EL BRILLANTE <<

스페인식 샌드위치 보카디요와 함께
엘 브리얀테

마드리드의 아침 8시는 어두컴컴하다. 소란스럽던 거리는 조용해지고 움직이는 사람들은 몇 안 된다. 이렇게 어둡고 고요한 거리에 나온 이유는 이날 마드리드를 떠나기 때문이다. 시끌벅적하면서도 고요함이 느껴지는 여러 색깔이 담긴 이 도시를 조금이라도 더 느끼고 보기 위해 모처럼 일찍 일어나 거리로 나왔다. 하지만 이 시간 문을 연 곳이라곤 카페와 베이커리밖에 보이지 않는다. 모처럼 부지런히 마드리드를 다니고 싶지만 기력이 딸려 든든한 아침이 무엇보다 중요한데 가벼운 빵만으론 아쉽다. 그럴 땐 보카디요가 정답이다.

'보카디요BOCADILLO'는 스페인식 샌드위치이다. 바삭한 바게트 빵 안에 오징어 튀김, 하몽이나 치즈를 넣어 먹기도 하는데 가장 인기가 많은 샌드위치는 오징어 보카디요(보카디요 데 깔라마레스)이다. 안에 들어 있는 오징어만 쏙쏙 빼먹으면 먹다 뱉을 정도로 짜지만 바게트 빵과 함께 먹으면 어찌나 잘 어울리는지 여기에 맥주만 있으면 미슐랭 레스토랑이 울고 갈 정도이다. 샌드위치라고 하면 저렴하고 가벼운 식사라 생각하지만 워낙 맛있고 대중적인 음식이라 공항, 기차역, 버스터미널 등 안 파는 곳이 없을 정도이다.

이렇게 스페인에서 보카디요란 언제 어느 상황에서나 먹을 수 있는 식사이다. 두둑하게 먹고 싶을 때도 좋고 시간이 없을 때도 좋다. 돈이 없을 때도 안성맞춤이고 우울할 때도 보카디요 한 입이면 딱이다. '우울'이라는 단어가 나왔으니 생각이 나는 이야기지만 수년 전 어느 여름 스페인에 갈 일이 있었다. 한창 태풍이 많이 불 때였는데 여행 가는 것만 신났지 기상악화는 관심사 밖의 일이었다. 어떤 도시를 경유해서 갔

엘 브리얀테의 외부

는데 '마드리드'에 도착을 하고 보니 나만 무사히 도착하고 정작 내 캐리어는 오지 않은 것이었다. 귀찮다고 지갑이며 옷이며 화장품까지 모두 캐리어에 넣었더니 캐리어는 없고 내 몸뚱아리만 마드리드 공항에와 있는 상황이었다. 그래도 다행히 주머니 안에는 푼돈 몇 푼이 있었는데 그게 유일한 마드리드 동아줄이었다. 그 푼돈으로 사먹을 수 있는 것이 츄러스와 보카디요였는데 그때 원 없이 츄러스와 보카디요의 세계를 향유하였다. 오징어를 질근질근 씹어 먹으며 하염없이 캐리어를 기다리는 내 자신이 처량하기도 했지만 보카디요가 너무 맛있어 그나마 버틸 수 있었던 것 같다.

마드리드 아토차 역에서 8분 정도 거리에 있는 '브리얀테'는 보카디요를 맛있게 만들기로 유명한 가게이다. 보카디요로 유명해서인지 입구에서부터 문에 커다란 보카디요 사진이 쭉 붙어있다. 실내에는 사람 키만큼 커다란 보카디요 인형이 있고 한켠에는 2명의 주방장이 오징어 튀김을 산처럼 쌓아 만들고 있다. 얼마나 많은 사람들이 이곳의 보카디요를 사랑하는지 그 이른 시간에도 앉아있는 사람들 모두 보카디요 하나씩 입에 물고 오물오물 먹고 있었다. 바 테이블 석에 앉아 메뉴를 둘러보니 오징어 보카디요 외에도 치즈, 하몽 등 다양한 재료가 들어간 보카디요가 보인다. 바 테이블 맞은편을 보니 하몽, 피자 등 여러 가지 요리도 판매하고 있다. 생각 같아선 모두 하나씩 맛보고 싶지만 그래도 이 가게의 간판 요리인 '오징어 보카디요'가 가장 먹음직스럽게 보여 하나 시키고 잠시 기다렸다.

약 5분 정도 시간이 지났을까? 주문한 보카디요가 꽤 빨리 푸짐하게 나왔다. 방금 튀긴 오징어 튀김은 빵에서 튀어나올 정도로 한가득 들어있다. 보카디요 안에 들어있는 오징어가 짜다는 사람들이 많지만 바게트 빵과 함께 먹으면 이야기가 달라진다. 튀긴 오징어에다 마요네즈를

엘 브리얀테의 내부

뿌려서 함께 먹으면 간단하게 한 끼 식사가 해결된다. 바삭한 오징어 튀김이 빵과 함께 덥썩 물면 통통한 오징어살이 쫄깃하게 느껴진다. 보카디요 하나가 큰 손바닥 두개 만해 양이 꽤 많은 편이다. 보카디요 하나를 전부 그 자리에서 먹기가 벅차 반쪽을 남겨 놓으니 종업원이 와서 "포장해줄까?"라고 묻는다. 고개를 끄덕이니 기다란 바게트 봉투에 남은 보카디요를 쏙 넣어 건넨다. 보카디요를 둘둘 말아 캐리어 한켠에 넣고 조금이라도 마드리드를 더 가까이 보러 가는 사이 환한 아침이 시작되었다.

4년 전 공항에 캐리어 없이 혼자 있을 때도 그렇고, 오늘처럼 나홀로 아침 같지 않은 컴컴하고 추운 날 어김없이 보카디요를 먹는다. 돈 없고 시간 없고 추울 때 딱 먹기 좋은 빵이기도 하지만 무엇보다 뱃심을 길러

주기 때문이다. 어딘가 시간에 쫓길 때, 불안할 때, 피곤할 때 정신력으로 버틴다고 하지만 그 정신력도 모두 뱃심에서 나오기 마련이다. 보카디요 하나, 아니 반만 먹어도 아주 빠른 속도로 배에 기합이 들어간다. 서민들의 빵 '보카디요'는 내게 있어 눈물 젖은 빵이 아닌 '눈물을 닦아 주는 빵'이다. 이제 스페인에서 무슨 일을 겪어도 좀처럼 두렵지 않다. 그저 내 호주머니에 보카디요 하나 사먹을 푼돈만 있다면 그 뱃심으로 무엇인들 헤쳐 나갈 수 있지 않을까.

엘 브리얀테 EL BRILLANTE

BARELBRILLANTE.ES/

위   치   아토차 역(식물이 많은 부근)에서 나와 Calle de Méndez Álvaro 쪽으로
          간다. 아토차 역 앞 초록 잔디밭을 뒤로 하고 바라보면 레이나 소피아
          미술관이 보인다. Plaza del Emperador Carlos V 거리로 가면 엘 브리얀테
          간판을 찾을 수 있다.

주   소   CARRER DEL POETA CABANYES, 25, 08004 BARCELONA, SPAIN

전화번호   +34 915 28 69 66

영업시간   07:00~24:00

가   격   오징어 보카디요(보카디요 데 깔라마레스) 6.5€

꽃 할배도 반한
메손 델 챔피뇬

사실 입이 좀 짧은 편이다. 입이 짧으면 식탐이 없을 것 같지만 오히려 입이 짧은 사람들이 더 까다롭게 더 많은 음식을 자주 먹는다. 무척 가까운 가족, 친구나, 매일 보는 직장 동료는 고개를 끄덕이며 '그래. 너는 입맛이 까다로우니까'라며 신뢰한다. 입이 짧기 때문에 다양한 맛을 보고, 음식의 맛뿐만 아니라 분위기나 위치까지도 중요하게 생각하기 때문이다. 여행지마다 각각 지닌 매력이 있는데 스페인을 유독 오랫동안 자주 여행하는 이유는 '타파스' 때문이다. 짧은 입맛을 충족하는데 타파스만한 메뉴가 없다.

스페인의 타파스는 스페인에 사는 인구만큼 종류가 있다고 이야기할 정도로 종류가 무궁무진하다. 어느 도시를 갈 때마다 새로운 타파스를 먹는 재미가 남다른데 그중에서도 마드리드의 타파스는 단연 으뜸이다.

처음 마드리드에 왔을 땐 도무지 도시가 재미없었다. 중세시대의 멋을 담고 있는 바르셀로나처럼 이색적이지도 않고 세비야처럼 강렬하지도 않았다. 그냥 도시 같았다. 어느 나라에나 있는 큰 도시. 하지만 음식을 맛보면서 점점 마드리드라는 도시가 좋아지기 시작했다. '우와 진짜 맛있다!'라고 생각하는 인생 타파스 집을 발견하는 재미를 알고부터 점점 마드리드의 매력에 빠지게 되었다.

인생 타파스 가게 중 하나인 '메숀 델 챔피뇬'은 우리나라 사람들에게도 꽤 알려진 타파스 가게이다. '꽃 할배'에서 방영되었기 때문에 이곳에서 파는 버섯 요리는 마드리드에 가면 꼭 맛보아야 할 타파스로 유명하다. 메숀 델 챔피뇬은 스페인을 대표하는 시장인 '산 미구엘 시장' 부근에 위치하고 있다. 시장을 들려 이곳에 가기 좋지만 맛있게 타파스를 먹고 싶다면 솔 광장을 지나 허기질 때 이곳에 들리길 추천한다. 시장에 비해 훨씬 조용하고 편하게 식사를 할 수 있기 때문이다. 시장을 지나 내려가면 커다란 타일 문양과 함께 간판이 보인다. 타일 그림과 그림 사이에 있는 문을 따라 안으로 들어가면 '하몽, 소시지, 각종 와인들이 비치된 바 테이블이 보이고 그 통로를 따라 안쪽으로 들어가면 앉아서 식사를 할 수 있는 장소가 나온다. 버섯 요리가 워낙 유명해서 그런지 안쪽 좌석의 모든 오브제는 버섯을 형상화 한 느낌이다. 천장에는 동글동글한 버섯 머리 같은게 붙어있고 천장의 그림 역시 버섯의 머리 단면을 붙여놓은 모양새이다. 마주보고 각각 다른 그림이 그려져 있는데 과거 스페인의 문화를 살펴볼 수 있어 재미있다. 천천히 실내를 둘러보는 동안 주문을 받으러 아저씨가 왔다.

워낙 한국 사람들이 많이 와서 동양인이 들어온 순간 "어느 나라 출신이에요? 한국에서 왔어요?"라고 물어보고 고개를 끄덕이면 바로 아이패드를 꺼내 한국어로 세팅을 해서 보여준다. 약간 해석이 어색한 한국어 메뉴가 나오지만 사진과 함께 메뉴가 떠서 바로 어떤 메뉴인지 알아볼 수 있다. 이 가게의 대표 메뉴인 '버섯 타파스'를 시키니 바로 주문이 들어간다. 기다리는 사이 주변을 둘러보니 10에 8은 버섯 타파스를 먹고 있는 중이다. 다들 큰 접시에 버섯 타파스 꼬치를 한 개씩 집어 입 안에 쏙쏙 넣고 있는데 혼자 와서 버섯 타파스만 담백하게 먹는 사람들도 꽤 보인다.

한 5분 정도 기다리니 드디어 앞으로 내 인생 타파스가 될 버섯 타파스가 나왔다. 하얀 접시에 노릇노릇하게 구워진 양송이버섯 타파스가 12개 정도 올라온다. 올리브오일을 발라 바삭하게 구운 타파스에서 송이향도 나고 고소한 소스향도 난다. 한입 깨물어 먹으면 버섯의 오독한 식감이 살아 풍미를 더한다. 버섯을 그리 좋아하는 편이 아니고, 게다가 양송이는 맛이 없어 더욱 싫어하지만 이상하게 이곳의 버섯 타파스는 하나 먹을 때마다 놀랄 정도로 맛있어 금세 타파스가 바닥날 정도이다. 양송이는 딱 알밤 정도의 크기라 한입에 쏙쏙 넣다보면 금세 십여 개의 버섯은 쥐도 새도 모르게 사라진다.

식사를 다 하고 밖으로 나가려다 바 테이블이 궁금해져 둘러보았다. 역시 여느 타파스 가게처럼 천장에는 하몽이 대롱대롱 매달려있고 그 옆에는 초리조나 살라미와 같이 소시지도 함께 매달려있다. 옆 선반에는 스페인 전통 도자기도 팔고 있었다. 타파스 가게에서 도자기 같은

버섯 타파스

기념품을 파는 경우는 흔치 않은데 워낙 스페인에 관광하러 오는 사람들이 많이 찾아오는 가게라 그런지 도자기를 파는 모습까지 독특하게 느껴진다. 바 테이블 가격표를 보니 앉아서 먹었던 버섯 타파스 가격보다 더 저렴하다.

입이 짧은 내가 타파스와 카페를 즐기는 이유는 조금씩 다양하게 맛보면서 만족스런 음식을 찾는 과정이 재미있기 때문이다. 어렸을 적 보물찾기하는 마음이 이랬을까? 모처럼 마드리드에서 버섯을 활용한 타파스를 발견했을 땐 새로운 보물을 만난 기분이다. 그 보물은 인간이 생각하는 최상의 창의력을 발휘하여 독특한 향으로, 맛으로, 시각으로 만족을 하게 만든다. 아마 마드리드에 자주 들리게 될 것 같다. 이렇게 내 감각을 만족하는 보물을 찾으러 경험하러 가는 순간 내 인생의 즐거움은 더해진다.

메손 델 챔피뇬의 기념품

메손 델 챔피뇬 MESON DEL CHAMPINON
MESONDELCHAMPINON.COM/

 # 위 치 솔 광장에서 Calle Mayor 길을 따라 10분 정도 걷는다. 산 미구엘 시장 쪽 골목으로 들어선 다음 시장을 지나자마자 내려가는 길을 따라 가면 찾을 수 있다.

 # 주 소 CAVA DE SAN MIGUEL, 17, 28005 MADRID, SPAIN

 # 전화번호 +34 915 59 67 90

 # 영업시간 12:00~02:00

 # 가 격 초리조 이베리코 벨로타 9.4€, 앤초비 피클 6.9€, 오징어 튀김 10.5€ 챔피뇬 6.2€(실내 좌석 테이블에서 먹으면 7.3€),

그 밖에 추천하는 마드리드의 맛집

정말 괜찮은 맛집임에도 불구하고 미처 다루지 못한 곳들도 있다. 마드리드에서는 맛있기로 소문난 장소이니 취향과 이동 동선에 따라 맛보길 추천한다.

커피 한 잔, 빵 한 조각에 세계인이 반한

라 마요르끼나
LA MALLORQUINA

솔 광장에서 내리자마자 바로 보이는 이 베이커리는 탁 트인 공간에서 솔 광장을 바라보며 빵과 커피를 맛볼 수 있기 때문에 1894년부터 지금까지 굳건히 자리를 지키며 많은 사랑을 받고 있다. 1층에는 온갖 종류의 빵을 판매하고 있는데 크루아상이나 나폴리타나는 물론이고 인근 도시인·'톨레도' 지역 명물인 '마자판' 과자도 예쁘게 포장해 판다. 크리스마스 때 가면 눈사람, 산타크로스 모양의 초콜릿도 판매해 선물용으로 인기가 많은 편이다.

바삭한 패스트리와 담백한 커피와 곁들여 먹으면 왜 100년 넘도록 마드리드 사람들이 이곳을 사랑하는지 짐작할 수 있다. 특히 동틀 무렵 탁 트인 전망을 바라보며 빵과 커피를 맛보면 하루의 시작이 달라질 정도이다.

위 치 메트로 솔 역에서 내리면 맞은편에 보인다.

주 소 CALLE MAYOR, 2, 8013 MADRID, SPAIN

전화번호 +34 915 21 12 01

영업시간 08:00 ~ 19:00

가 격 크루아상 1.7€, 카페 콘 레체 1.7€

초콜릿 매니아라면

바롤
VALOR

초콜릿 체인점인 바롤은 초콜릿 음료도 종류별로 다양하고 초콜릿 관련 디저트도 종류별로 세분화되어 아주 다채롭게 초콜릿을 맛볼 수 있는 곳이다. 같은 초콜릿 음료라도 전통 방식으로 아주 걸쭉하게 만든 음료CHOCOLATE VALOR A LA TAZA나 우유를 섞어 핫초코처럼 부드럽게 만든 음료CHOCOLATE SUAVE CON LACHE, 설탕 없이 오직 카카오로만 만든 음료, 생크림이 올라간 음료 등 4가지 종류로 나뉜다. 다른 초콜릿 가게에 비해 이곳은 좀 더 개인 취향에 맞는 초콜릿을 맛볼 수 있도록 선택의 폭이 넓은 편이다. 초콜릿 고메라고 하여 다크초콜릿, 시나몬과 섞은 다크 초콜릿, 오렌지가 들어있는 초콜릿, 화이트 초콜릿 중 1가지를 40도 정도로 만들어 맛볼 수 있는 메뉴도 있고 여러 초콜릿을 조금씩 맛만 볼 수 있는 메뉴도 있다. 초콜릿의 맛, 향을 다양하게 즐기고 싶어 하는 초콜릿 매니아들에게 추천하는 장소이다.

위 치   메트로 솔에서 엘 잉글레스 코르테와 아이스크림 가게 사이의 골목길로 6분 정도 걸어가 데시구엘 DESSIGUAL매장이 보이면 좌회전하여 바로 보이는 골목길로 들어가면 보인다.

주 소   ALLE DEL POSTIGO DE SAN MARTÍN, 7, 28013 MADRID, SPAIN

전화번호   +34 915 22 92 88

영업시간   8:00~22:30

가 격   우유를 넣은 쇼콜라떼 2.8€

~~~~~~~~~~~~~~~

고급스런 식재료를 한 눈에

고메 익스피리언스 그란비아
GOURMET EXPERIENCE GRAN VÍA

고메 익스피리언스는 한 마디로 고급스
런 식품 매장이다. 엄격하고 까다로운
공정을 거친 식재료를 고급스럽게 포장
하여 제공하고 있다. '고급화'를 콘셉트
로 하여 공간 역시 무척 고급스럽고 쾌
적한 편이다. 그래서 부모님께 드릴 선
물은 바로 이곳, '고메 익스피리언스'에
서 구매를 한다. 그란비아에 위치했고
익스피리언스 안쪽으론 피자 집, 타파
스 집, 치즈가게 등 간단히 식사를 할 수
있는 장소도 마련되어 있다. 실컷 그란
비아를 걸어 다니다 너무 힘들어 지칠
때 고메 익스피리언스로 가서 휴식을 취
하며 쇼핑을 하면 동선이 제법 맞아 자
주 이용하는 장소이다.

위 치　메트로 솔에서 엘 코르테 잉글레스
　　　와 아이스크림 가게를 지나 그 다음
　　　골목길로 직진을 하면 엘 코르테 잉
　　　글레스 그란비아점이 나온다. 그 장
　　　소의 9층으로 올라가면 나온다.

주 소　ENTRO COMERCIAL EL CORTE
　　　INGLÉS, PLAZA DEL CALLAO,
　　　2, 28013 MADRID, SPAIN

전화번호　+34 913 79 80 00

영업시간　10:00~22:00

홈페이지　ELCORTEINGLES.ES

가 격　염소 치즈 100g 2.39€,
　　　초리조 100g 3.69€,
　　　살치촌 100g 2.4€, 맥주 2~4€

뚜론이 맛있는

카사 미라
CASA MIRA

뚜론으로 유명한 가게이다. 마드리드 사람들은 이집의 뚜론을 먹기 위해 긴 줄을 마다하지 않고 서서 10분, 20분 하염없이 기다리곤 한다. 쇼 윈도우에는 초콜릿으로 만든 뚜론, 아몬드, 과일 말린 디저트가 3단 트레이에 층층이 쌓아 보여주며 지나가는 사람들의 이목을 붙잡는다. 내가 가장 좋아하는 뚜론은 계란으로 만든 '예마 뚜론'인데 아몬드도 들어있어 뚜론을 썰어 한입 넣으면 딱딱할 것 같은 뚜론이 부드럽게 미끄러질 정도이다. 크리미한 질감 사이로 아몬드의 고소함이 배어 나와 씹을 필요도 없이 음미하고 있으면 그저 입 안 가

득 침이 고이는데, 피곤할 때 이 뚜론 한 조각 먹으면 없던 기운이 생긴다. 스페인의 전통 디저트 뚜론이 궁금하시다면 현지인들이 인정하는 맛집인 '카사 미라'에서 최고의 뚜론을 맛보길 추천한다.

위 치 솔 광장에서 Calle de Carretas 방면으로 2분 정도 걸은 뒤 같은 방향으로 Carrera de S. Jerónimo 따라 5분 정도 걷는다.

주 소 CARRERA DE S. JERÓNIMO, 30, 28014 MADRID, SPAIN

전화번호 +34 914 29 67 96

영업시간 10:00~14:00, 17:00~21:00

가 격 뚜론 300g 13~18€,

혼자만의 시간을 갖기 좋은

토마 카페

TOMA CAFÉ

꽤 오랜 시간 마드리드에 있을 일이 생겼다. 출장으로 하루 종일 일을 해야만 했다. 출장에 대한 환상이 있을 땐 다른 나라에서 커피 한잔 때리고 우아하게 일을 할 줄 알았는데 현실은 여기가 한국인지, 외국인지 하루 종일 컴퓨터로 타자를 쳐야만 했다. 이렇게 시간이 지나가는 게 아쉬워 보고서라도 좋은 곳에서 쓰고 싶은 마음에 카페 투어를 시작하였다. 수많은 카페를 갔고 딱 일을 하기 적합했던 카페가 바로 '토마'였다. 모두들 나와 같은 생각이었는지 이 공간 안에 있는 사람들은 컴퓨터로 뭔가를 만지고 있었고, 그림을 그리거나 글을 쓰고 있

었다. 조용한 음악이 흐르고 커피의 맛은 감미롭다. 늘상 한쪽 구석에서나 보았던 계산대가 가게 중간에 떡 하니 있다. 사소하지만 이런 조그만 발견에 이 카페에서 작업할 맛이 난다.

위 치   메트로 1,10호선 Tribunal 역에서 걸어서 Calle de la Palma 방향으로 5분 정도 걸으면 찾을 수 있다.

주 소   CALLE DE LA PALMA, 49, 28004 MADRID, SPAIN

전화번호   +34 917 04 93 44

영업시간   08:00 ~ 20:00

홈페이지   TOMACAFE.ES/

가 격   커피 종류: 1.20€ - 3.40€, 차 종류: 2.50€ - 3.50€, 샐러드 salads 6.50€ - 7.50€, 샌드위치 5.50€ - 7.00€, 빵과 케이크 종류: 1.00€ - 2.00€

오랜 전통을
현대적인 감각으로 재해석한

카페 코머셜

CAFÉ COMERCIAL

오래된 카페가 세련될 수 있다는 것을 이 카페를 통해 알게 되었다. 내가 늙는다면 정말이지 이런 카페처럼 늙고 싶다. 내가 아는 스페인 사람들은 더욱 이 카페에 열광한다. 오랜 전통이 현대적으로 해석될 때 얼마나 아름다울 수 있을지 보여주는 카페이기 때문이다. 사실 예쁘고 화려한 카페들은 마드리드에도 참 많지만 그럼에도 불구하고 이 카페를 소개하는 이유는 담백하고 품위 있게 기본을 지키고 있기 때문이다. 역하고 가까워 지리적 이점도 있고 따뜻한 온도의 조명으로 실내를 편안하게 꾸몄다. 큰 창문을 통해 자연광이 화사하게 들어와 천연 식물원 같다. 전등, 손잡이, 바닥까지 요소요소가 디자인적으로 훌륭하다. 커피는 뭐, 이야기 할 필요가 없을 정도로 훌륭하다. (사실 마드리드에서 맛없는 커피는 거의 마신 기억이 없다. 워낙 열심히 맛집만 골라 다니기도 했지만...)

위 치 BILBAO 역에서 내리자마자 맞은편에 보인다.

주 소 GLORIETA DE BILBAO, 7, 28004 MADRID, SPAIN

전화번호 +34 910 88 25 25

영업시간 08:30~다음날 01:00

가 격 커피 1.5~4.5€ 차 종류 1.5~3€, 주스 2.5~3€, 츄로스 4개 1.8€, 크루아상 1.9€

왕실에 납품한 전통 있는 제과점

엘 리오하노

EL RIOJANO

한때 스페인 왕실에 납품을 하던 제과점이다. '왕실 납품'이라는 엄청난 영광을 누렸던 제과점이지만 사실 외관은 그냥 지나치기 쉽다. 낡고 간판도 어둑하니 잘 보이지 않는다. 하지만 안에 들어가면 모든 쿠키가 딱 봐도 으리으리한 케이스에 담겨있다. 보석이 쇼케이스에 있는 것은 종종 봤지만 쿠키가 쇼 케이스에 얌전히 담겨 있는 모습은 처음 보았다. 쿠키를 이렇게 소중히 다루는 모습을 보니 한때 왕실에 납품했다는 게 이해될 정도이다. 빵과 쿠키 종류가 다양한데, 사탕을 안 좋아하는 내 기준에서 파이는 엄청 달았지만 크루아상과 나

폴리타나 빵은 정말 맛있게 먹었던 기억이 난다. 빵순이라면 이곳을 빵투어 리스트에 꼭 포함 시켜야 한다.

위 치 솔 역에서 CALLE MAYOR를 따라 3분 정도 걸으면 찾을 수 있다.

주 소 CALLE MAYOR, 10, 28013 MADRID, SPAIN

전화번호 +34 913 66 44 82

영업시간 10:00~14:00, 17:00~21:00

홈페이지 TOMACAFE.ES/

가 격 수이조(SUIZO) 1.4€,
엔사이마다(ENSAIMADA) 1.6€,
나폴리타나(NAPOLITANA) 1.6€,
테하스(TEJAS, 쿠키) KG당 36€,
팔메리타스(PALMERITAS, 파이)
KG당 26€

저자 협의
인지 생략

타파스 & 카페
맛있는 스페인에 가자

1판 1쇄 인쇄 2019년 4월 5일
1판 1쇄 발행 2019년 4월 10일
———

지 은 이 조정희
발 행 인 이미옥
발 행 처 J&jj
정   가 18,000원
등 록 일 2014년 5월 2일
등록번호 220-90-18139
주   소 (03979) 서울특별시 마포구 성미산로 23길 72 (연남동)
전화번호 (02) 447-3157~8
팩스번호 (02) 447-3159
———

ISBN 979-11-86972-51-9 (03920)
J-19-03

J & jj
제이 앤 제이제이

Book · Character · Goods · Advertisement · Graphic · Marketing · Brand consulting

D · J · I
BOOKS
DESIGN
STUDIO

facebook.com/djidesign

내일의 디자인
더 나은 디자인

D · J · I BOOKS
DESIGN STUDIO
- 디제이아이 북스 디자인 스튜디오 -

BOOK·CHARACTER·GOODS·ADVERTISEMENT
GRAPHIC · MARKETING · BRAND CONSULTING

FACEBOOK.COM/DJIDESIGN